夫の定年

「人生の長い午後」を夫婦でどう生きる?

グループわいふ/佐藤ゆかり［著］

How Retired Couples Can Live Happily Ever After

ミネルヴァ書房

はじめに

二〇一七年現在、女性の平均寿命は八六・九九歳、男性も八〇・七五歳で、ともに過去最高を更新しました。

おめでたい、といいたいところですが、その背後にはそうとばかりいってはいられない現実が潜んでいます。

男女分業が暮らしのなかに未だに深刻に根づいている日本。

仕事オンリーで働き続けた夫と、「家庭の主婦」という形をできるだけ崩さずに、楽しい暮らしを追求し続けてきた妻――多くの場合、老いた二人の生活に、接点はほとんどありません。

それでもなお、ほとんどの人は「夫婦で楽しく」生きる老後を夢みています。それは当然のこと、自然なことともいえるのです。

世界に冠たる長寿社会のこの日本で、女も、男も、真の意味で「幸せな老後」を手に入れるためには何が必要なのか。

長いこと、まったく別々の生活を営んできた女と男とが、二人で「楽しく生きる」生活を手に入れるのは容易ではありません。

その鍵を手に入れよう、と取材を続けてきた私たちは、さまざまな現実に向き合うことになりました。

この一冊には、それに成功した夫婦の例、うまくいかなかった例、さまざまな夫婦の姿が描かれています。巻末にはアンケート編も付しました。

そのなかで、私たちがはっきり学んだことは、〝努力する人は必ず報われる〟ということでした。運任せ、あなた任せ、ではダメなのです。

この一冊が、その現実をあなたに知らせてくれることを祈っています。

二〇一七年六月

グループわいふ　田中喜美子

夫の定年——「人生の長い午後」を夫婦でどう生きる？

目次

はじめに

第1章　働くことで対等に……1

第1章　働くことで対等に

●見合い結婚が自立の一歩

結婚に対する考え方は、時代によって変わる。

その一つが結婚年齢だ。

総務省の国勢調査報告書によると、二〇一〇年の二五～二九歳男性の未婚率は七一・八％、二五～二九歳女性は六〇・三％。二〇代で結婚した人より、していない人のほうが多い。

四〇年前の一九七〇年は逆だった。二五～二九歳男性の未婚率は四六・五％、女性は一八・一％。ほとんどの女性が二〇代で結婚していた。

相手との出合いの方法も変わってきている。

一九四〇年代前半までは七割近くを占めていた見合い結婚が徐々に減少し、一九六〇年代には五割を切る。現在は恋愛結婚がほとんどで、見合い結婚は一割にも満たない（国立社会保障・人口問題研究所「出生動向基本調査」より）。

「でも、私はお見合い結婚って悪くないと思うんですよね」という人がいる。

小橋薫さん（七〇歳）だ。

一九六九年に結婚した薫さんは二〇代、それも短期大学を卒業してすぐ、二〇歳で見合いを始め、一年後に結婚相手を決めた。

薫さんは、三人兄姉妹の長女として生まれた。父は貿易関係の会社を興し、母は専業主婦。見合いで結ばれた両親は、結婚するまで二回しか口を利いたことがなかったとか。それでも「両親はすごく仲がよかった」と、薫さんは振り返る。

父は母をグイグイと引っ張り、母は頼りになる父を尊敬して尽くす。そんな両親が〝娘の幸せ〟として、何よりも大事に考えていたのが結婚だ。

「大正生まれの父は、ものすごく保守的で『女は働けば世間ズレする。仕事をすれば嫁のもらい手がなくなる。たとえもらい手があっても、すれているから離縁される』という考えの人。『学校を出たら花嫁修業をして嫁に行くことが幸せ』と信じ込んでいた父に、『お願いだから短大に行かせて』と頼み込みました。『短大を卒業しても就職しないと約束するなら、進学してもいい』となったんです」

二〇歳で短期大学を卒業。

当時、女性に開かれている正規の職場は教員や銀行員くらいしかなく、卒業後に就職した人はほんの数人だったという。父との約束があった薫さんも就職活動はしなかった。

そして、成人式の記念写真が見合い写真になった。

「それから、お見合いという私の〝就活（就職活動）〟が始まったわけです」

と、薫さんは笑う。

婚活（結婚活動）ではなく、就活？

「あれは就活よ。だって、条件の良い永久就職先を探していたのですから」

より良い永久就職先を見つけるためには努力も必要だ。

薫さんは、お見合いと同時に親の勧めで華道や料理など花嫁修業のお稽古事を始めた。

短大卒業から一年間で見合いした回数は一一回。

最後の見合い相手が夫。四〇年の結婚生活の後に六八歳で病死した小橋秀雄さんだ。

秀雄さんと薫さんが見合いしたのは一九六八年一〇月。

商社マンの秀雄さんは結婚を焦っていた。上司などから「男は三〇歳までに結婚しろ」といわれ、しかも翌年四月には駐在員としてニューヨークへ行くことが決まっていた。海外では夫婦そろってのパーティなどもある。「妻を連れて海外へ」と思っていたのだろう。秀雄さんは薫さんとの結婚を熱望した。

一方、薫さんが秀雄さんとの結婚を決めたのは、彼が〝特別な人〟ではなかったから。

秀雄さんは一流大学を出て一流商社に勤めるエリート。だが、地方のサラリーマン家庭に育ち、子どもの頃は畑の中を駆けまわっていたガキ大将だったとか。

「親から譲り受けた財産があるわけではなく、係累も少ない。母は『ちょっと家柄が』と心配していましたが、私はそこに安心しました。お見合い相手には家柄の良い〝お坊ちゃま〟もいました。でも、そういう人だと私が劣等感を持ちそうで。結婚生活は長い。私が緊張しなくてもいい、気楽でいられる人と結婚したかったんです」

薫さんの話に、小学校時代からの友達である山田美也子さんは笑う。「秀雄さんは坊ちゃん・坊ちゃんしたヤサ男ではなくって、ガッチリして野性味のある素敵な人。彼女から秀雄さんを紹介されたとき、『薫ちゃんの好みのタイプだ』と思いましたよ（笑）」。

かくして二人の結婚は決まった。

結婚式は、お見合いからわずか三カ月後の一九六九年一月。秀雄さん二八歳、薫さん二二歳の冬の日だった。

海外生活で気持ちが切り替わる

娘の生きる道を結婚と定め、その道に突き進むよう全力で後押しした両親。それは三歳年下の妹に対しても同じだった。妹も姉と同じように親が勧める見合いで結婚した。

そして二人は今、話し合う。「両親は私たちに自立させようとはしなかったよね。子どもの羽をもいで籠に入れ、結婚相手というもうひとつの籠に渡そうとしたんだよね」と。

それでも薫さんの夫の秀雄さんが父と同じようなタイプだったら、それはそれで幸せだったかもしれない。夫が妻を抱え、妻が夫を頼りに生きる薫さんの両親のような〝理想的な夫婦〟になったのかもしれない。

両親はそれを望んでいたし、薫さん自身も「秀雄さんと結婚したら、両親のような夫婦になる」と思っていた。

友人の山田さんも「秀雄さんってバリバリの商社マンでグイグイ引っ張ってくれる感じだったよね」という。

たしかに、秀雄さんはバリバリの商社マンだった。だが、妻をグイグイ引っ張る人ではなかった。

結婚式から三カ月後の一九六九年四月、秀雄さんは駐在員としてひとりで渡米した。当時、商社では家族は夫から遅れて海外へ行くのが通例だったらしい。

薫さんは九カ月ほど実家で暮らしながら荷物をまとめ、その年の一一月に夫がいるニューヨークへ渡った。

海外で始まった新婚生活。

夫は仕事が大好きな人。人と集うのも大好きで、マージャン、飲み会、ゴルフと会社関係者や友達との付き合いも多い。

「しかも彼は単純なところがあって、先輩からいわれた『結婚は始めが肝心だぞ。最初にガンといえ』のアドバイスを忠実に守ったみたい（笑）。結婚して最初にいわれたのは『それぞれ別に頑張ろうよ。自分のやりたいことをやればいいし、ゴチャゴチャいわずにオレの好きなことをやらしてくれ』でした。ビックリしましたよ。私は父に頼る母と、母に頼られることをよしとしていた父を見て育っているので『それぞれ別に生きるって……。それで夫婦といえるの？』と思いました」

しかし、「それぞれ別に」を実行する秀雄さん。結婚後も仕事第一で人との付き合いを大事する生活スタイルは変えなかった。

困ったのは薫さんだ。頼りの夫は仕事とつき合いでほとんど家にいない。しかもお嬢様育ちの薫さん。「好きにして」といわれても、ひとりで何をどうしていいのか分からない。花嫁修業はしていたがこれといった趣味もなく、やれることもやりたいこともない。

何より、英語がまったくできない。

親に相談したくて国際電話をかけようとしたが、電話交換手にワァーと英語でまくしたてられて電話をかけることもできなかった。日本に帰りたくても、ひとりで飛行機のチケットを取ることもできない。会話ができないから、ご近所さんと話すこともできない。

ご近所さんから話しかけられても言葉がわからず、困り果てて夫に通訳を頼んだら「自分で何とかしろ」といわれた。

「夫は共学の大学で、知り合いの女の子もしっかりしていたんじゃないかしら。私のように何も知らず、何もできず、右向けといわれればずっと右を向いているような女の子がいることが分かっていなかったんだと思います」

海外でひとりぼっち。日本の親や友達に愚痴ることもできない。「どうしていいのかわからず、途方に暮れてボーッとしていました」と当時を振り返る薫さん。

「私はこれからどうしたらいいの？」と思いながら、近くを流れるハドソン川のほとりをトボトボと歩いた。

だが、薫さんは切り替えが早い。

「泣いても愚痴っても、何の解決にもならない。夫は父と違うし、他人である夫の考えを変えることはできない。夫に頼っても無理なんだと分かり、しようがないから和英辞典を持ち歩くようになりました。辞書を引きながら、買い物などをしていましたよ」

そんななかで、薫さんは少しずつ英語を習得していく。

そのうち妊娠。友達もできた。

「同じアパートに新婚さんが二人いて、同時期に妊娠した彼女たちが私を家に呼んでくれました。料理を教えてくれたり、買い物に誘ってくれたり、ホームパーティに招いてくれたりしたんです。だんだん人とのコミュニケーションが取れるようになりましたね」

夫の浮気にもめげず

周りの人とのコミュニケーションは取れるようにはなったが、その後も夫婦関係は茨の道。

例えば、薫さんが流産した日のこと。手術を受けることになったのに、夫は「その日は接待があって病院に付き添えない。ちょうど日本から友達が来ているから、彼に付き添ってもらって」と。

「彼の友達が病院の手続きをして私に付き添ってくれました。夫がいるのに!?　本当に情けなかったわね」

その後、二人の娘が生まれ、薫さんは育児に専念する。

「相談する人もおらず、ひとりの育児はつらかったですね。夫に相談すると『同僚の妻はひとりでやっているぞ』『お袋はおやじの給料内でやりくりしながら五人の子どもを育てたぞ』と。彼は『やれて当然。なぜできないんだ』と思っていたみたいです」

秀雄さんは浮気したこともある。結婚二年目のことだ。妻は怒り心頭に発する。だが、アメリカでは「実家に帰る」というわけにはいかない。相談できる相手もいない。ぶつけどころのない怒りを持て余し、自宅のトイレに立てこもった薫さん。夫は妻が自殺でもしたら……と思ったらしい。トイレのドアをドンドンと叩き、壁に穴をあけた。

「その後、電話で両親に彼の浮気を報告し、『どうしたらいいのか』と相談しました。母には『あなたにも悪いところがあったのよ』といわれましたが、父は『一カ月考え、それでもダメだったら帰っておいで』と。父の言葉に助けられましたね。一方で『これで私が浮気をしてもイーブンだわ』とも思ったけれど（笑）。夫？　両親が電話で夫に注意してくれ、電話口で『申し訳ありません』と謝っていましたよ。でも、私には謝罪のひとつもなかったです。ただ『頼むから娘にはいわないでくれ』ですって。娘たちが成長した後、『それが男の生理だけど、お父さん、浮気したことがあって』と散々いいました（笑）」

夫婦共働の暮らしのなかで

そんなこんなのニューヨーク生活が五年。夫が本社勤務になって帰国し、日本で生活して九年。その後、秀雄さんは再び駐在員としてロサンゼルス勤務となり、薫さんも四〇歳を目前にしてロサンゼルスに移住した。ロサンゼルスでの生活は二〇年以上。つまり、小橋さん夫婦は結婚生活のほとんどを海外で過ごしている。

「それぞれ別に生きよう」といった夫は、一方で薫さんに駐在員の妻の役割を求めた。

日本では夫は会社、妻は家庭と役割分担ができているが、海外ではちょっと違う。人を呼んでのホームパーティが多く、商社マンの妻は「ホステスにならねばならぬ」が常態。

さらに、夫は日本から来た出張の人や短期留学生を「ホテルの宿泊代がもったいないから」と自宅に連れてくる。

「でも連れてきた人を放ったらかしにして、自分はマージャンに出かけちゃうの。彼の父が遊びにきたときも、夫はマージャンに行っちゃいました。『オレに任せろ』と太っ腹なところを見せたい。でも、その後は知らん顔なんですよね」

しかも、秀雄さんは他人に〝亭主関白な自分〟を見せたい人。亭主関白の自分を笑い話のネタにしようとした節もある。

例えば、小橋さん夫婦が仲のよいアメリカ人夫婦と食事をしたときのこと。

「夫は『いかに自分が妻を放って外で遊んでいるか』を語り始めて。本人は笑い話のネタを提供しているつもりだったと思いますが、アメリカ人夫婦は『どう答えていいものやら』という感じで困っていました。本当に恥ずかしいやら、悔しいやら……」

会社のクリスマスパーティも忘れることができない。バンカラな秀雄さんは幹事を率先して引き受ける人。しかも人が集うのが大好き。そんな彼は盛大なパーティ会場で気持ちが盛り上がったらしい。

「アメリカは夫婦単位の国なのに、夫はひとりではしゃいで私を一度も誘わずに他の女性と踊りまくっていました。仮面夫婦と誰もが知っていた夫婦でさえ、手をとり合って踊っていたというのに。みじめで悔しくて帰りたかったです。でも何もいえなくて。今なら『何なの、あの態度は』と、コンコンというのにね（笑）」

サービス精神が旺盛で面倒見がよく、何かあると「オレに任せろ」と胸を叩く夫。そして妻に甘えている夫。

薫さんは、秀雄さんのことをこう評する。

「夫は、バンカラの甘ったれなんですよ（笑）」

放ったらかしにされたり、浮気されたり……。「愚痴や不満はいっぱいあるわよ」と笑う薫さん。

ただし、悲惨な結婚生活というわけでは決してない。はたから見れば落ち込むようなエピソードも、それを語る薫さんの口調にはつらいことを突き抜けた明るさがある。「夫はバンカラの甘えん坊よ」という横顔にも、母親が困った子どもを表現するような愛情と余裕を感じる。

なぜか？

薫さんは言葉とは裏腹に、バンカラで甘ったれの夫をどこかで面白がっている。友人の山田さんは「薫ちゃんは、秀雄さんに惚れていたよね」と笑う。薫さんの妹も「お姉ちゃんは義兄さんが好きだったよね」といったそうだ。「惚れていた」の言葉に照れたような笑顔を見せる薫さんは、だが否定はしない。

バンカラで甘ったれの秀雄さんは、一方で素敵な人でもあった。面倒見のよいガキ大将タイプで、だからといって「これしろ、あれしろ」と自分を押し付けるような横暴さはなかった。エリート風を吹かすようなところもなく、気さくで楽しい人。男気のある人でもあった。人間としてやらなければならないことを知っている人でもあった。

娘が日本で交通事故を起こしたとき。秀雄さんは仕事も何も放って日本に飛んで帰り、娘を連れて被害者の元に出向いた。そして土下座し、言い訳めいたことは一切口にせず、ただひたすら謝り続けたという。

「いろいろありましたが、私はそんな夫のことを嫌いではなかったです。それに海外では『ここぞ』というときに助け合うしかないし、何だかんだといってもずっと一緒にいるとやっぱり夫婦の絆が深まるんですよ」

●夫の転機を応援

夫婦の絆が深まった最大の出来事は夫の退職だろう。

順風満帆だった夫の人生に危機が訪れたのは、秀雄さんが四〇代後半のとき。大型プロジェクトを担当していた秀雄さんは、商品の仕入れをバイヤー（貿易貸付人）に頼んだ。ところがバイヤーがトラブルを起こし、会社に損失を与えてしまう。秀雄さんの責任ではなかったが、自身の立場も危うくなる。

秀雄さんは、自他ともに認めるやり手の商社マン。いずれはトップに立つ人材といわれていた。そのステップのひとつとして、日本に戻ったら役員になることも決まっていた。

ところがこの一件ですべては水の泡に。「オレはまるで犯罪者のようだ」と彼自身がこぼした監査の聞き取りを受け、その後子会社への出向を命じられる。

秀雄さんのプライドはズタズタになったのだろう。一生懸命に務めた大好きな会社でたった一度の失敗、それも自分の責任とはいい難いことで冷や飯を食わされる。さぞ悔しかっただろう。

当時を振り返って、薫さんはいう。

「それでも夫は『会社を辞めよう』と真剣に考えたわけではないと思うんです。ところが、ある人に『会社を辞めようかな』と愚痴っちゃったらしいの。その人に『男が一度、口に出したら突き通さなくちゃ』みたいなことをいわれ、バンカラの夫はそれにとらわれてしまいました」

日本から上司が来て「退職はするな」と説得してくれたが、「男が一度、口に出したらなぁ」と秀雄さんは自分の言葉に縛られた。

薫さんも、父に「『辞めちゃダメだ』と秀雄さんに伝えろ」といわれた。

「当時、父は入院中で生死の境をさまよっていました。そんな父の言葉は重かったです。でも……。ある日、夫は『会社を辞めたい』と。私は『辞めれば』といいましたよ。『私は〇〇会社の人と結婚したわけではなく、あなたと結婚したのだから、どこで何をしてもいいよ』と」

自分ではない人の思いを変えることはできない。「だったら、本人がどうしたいかを聴いて、それを応援するしかない」と薫さんはいう。

秀雄さんは四八歳で会社を退職。そのとき、専業主婦の薫さんは四一歳。二人の娘はまだ高校生だった。

こういう場合、多くの妻は「これから子どもにお金がかかるのに、夫が仕事を失ったらどうしたらいいの」と不安を抱える。

ところが、薫さんは違う。

「家計の心配？　私はバカだから、先回りして心配したり、考えたりすることができないんですよ（笑）。それに人間は『食べて寝られれば、それでいい。それが人間の原点だ』と思っていましたから。何より、今まで家族で何とか生きてきたんです。これからも『何とかなる』と思いましたね」

実際、夫はすぐに再就職し、六〇歳過ぎまで働き続けた。

夫は「母ちゃん（薫さんのこと）に『辞めていいよ』といわれて助かった」といった。亭主関白を装いたい夫が「母ちゃんのおかげで、本当に助かった」と人にも伝えていた。

「でも、会社も仕事も大好きだった夫は退職後も元の会社に未練タラタラでしたね。好きな仕事を失い、つらかったのでしょう。家ではため息ばかりついていました。寝ている夫の目から一筋の涙が流れているのを見たこともあった。そんな状態が半年以上続きました。『彼は大好きな仕事をしてきたんだ。大事な人が好きなことをして幸せでいられた。それでいいんじゃないか』と私は自分にいい聞かせていましたが、つらそうな彼を見るのはやっぱりつらかった。本当に可哀そうでしたね。

同時に思いました。『夫は肩肘張ってはいるけれど、本当はもろくて弱虫な人なんじゃないか』と」

肩肘を張って無理をして、でも本当は弱い夫。

夫が「母ちゃんは強い」といい続けた薫さんは、その逆だ。

薫さんは、ホワッとして柔らかな印象の人。どちらかといえば、おっとりしたタイプに見える。だが、両親に強さの羽をもがれて籠に閉じこめられ、本人も気がついていなかっただろうが、芯が強い。

海外への移住は、日本国内での移転とはわけが違う。異文化のなかでコミュニケーションがとれず、家に閉じこもったままノイローゼやうつ状態になる妻も少なくない。

だが英語がまったくできないのにひとりで放っておかれ、それでもノイローゼにもうつ状態にもならずやっていけたのは芯が強いからだ。

夫が退職するときに「辞めてもいいよ。何とかなるって」と笑えたのも、薫さんがポジティブで強いからだ。

四〇代でスキルを磨く

その薫さんの強さが自身の人生に大きな花を咲かせたのは五〇代になってから。

実は、薫さんには「放っておかれる」「バンカラで甘ったれ」なことより夫への大きな不満があった。

それはお金のこと。

「夫は給料の中から生活費しか渡してくれませんでした。あとは自分で管理し、自分の自由にしていた。『今月はこれでやって』とお金を渡される私は、夫に養われているんだなぁと思いました。夫は『オレが養ってやっている』といったことは一度もありません。でも、夫に養われている感が強かったです」

ニューヨーク生活のときは、その状態が続いた。夫の給料がいくらか、ボーナスがいくらか、薫さんは「まったく知らなかった」という。

日本に戻って社宅に住むと、ご近所さんの話から夫の給料が思っていた以上に多いことがわかった。

ただし、〝夫に養われている感〟が強い妻は、夫に面と向かって文句をいうことができない。

そこで薫さんは実家の母に「夫が給料を渡してくれない」といいつける。母は秀雄さんに「給料を渡してやってください」と直言。母の言葉に秀雄さんは妻に給料を公開し、その中から自分のお小遣いをとるようになった。

だがロサンザルスに渡ると、夫はまた給料の管理を自分でするようになり、妻には生活費だけを渡すようになった。カード決済が主流のアメリカで、薫さんはクレジットカードも持っていなかった。

「友達と買い物にでかけて欲しいものがあっても買うことができない。自分の自由になるお金がまったくなく、悲しかったこと、悔しかったことがいっぱいありました」

　自分の自由になるお金がほしい。「働いた経験がなかったので仕事に憧れもあった」という薫さんが、以前から興味があったインテリアデザインの学校に通い始めたのは四〇代半ばになってから。

　インテリア・コーディネーターの資格を取得し、建築会社で仕事の手伝いをするようになった。

「アメリカに移住する日本人にインテリアを提案するプロジェクトに参加するようになりました。会社は、そのために日本人のインテリア・コーディネーターを求めていたんです。働くことで少しずつ自分のお金ができて『これでやっと好きなものが買える』と思いましたね」

　だが、建築会社の仕事は日本人向けのプロジェクトがあるときのみ。プロジェクトが終わると、クビになってしまう。「たいして稼げなかったわね」と薫さんは振り返る。

●五二歳でブランド店の販売員に

建築会社のアルバイトにはやるべき仕事が少ない。「ちゃんと働きたい」と思っていたとき、知り合いだったブランド店の日本人店員から「今度、違う店に行くことになったのよ。私のポストがあくから、応募してみたら？」と声をかけられた。

「ちゃんと働いたこともない私に販売の仕事ができるはずがない、と思いましたよ。反面『ちゃんと働きたい』という気持ちもあって。夫に相談したら『自分は何もできません。でも教えてくれたら何でもやります、と面接でいえ』とアドバイスをもらいました。面接時にそういったら、採用してくれたんです」

こうして五二歳で高級ブランド店の販売員に。週三日から四日のパート勤務で、日本からきた旅行客に商品の説明をした。

その店には日本人の旅行客が多く、日本語で説明ができる薫さんは重宝がられた。とくにアメリカでブランド品を買い付け、日本で販売している人がお得意さんになってくれた。

だが、しだいにパート勤務であることに物足りなさを感じ、勤め始めて二年が過ぎた頃、薫さんは別の高級ブランド店のマネージャーに「この店で働きたい」と自分を売り込みに行く。

「店員が店を替わるのは海外ではよくあることなのよ」と笑う薫さん。

友人の山田さんは「薫ちゃんはポジティブで、『こうしよう』と思うとポンと一歩を踏み出せる人。そこが羨ましい」という。

そのブランド店に採用になり、薫さんはパート勤務からフルタイムになった。給料は固定給と売上げに対するマージン。新しい店でもお得意さんができ、売上げはグングンと伸びて収入が増えた。条件のいい保険に加入させてくれるなど、店で優遇されるようにもなった。自分のお金で車も買った。

「すごい？　いえいえ、夫に放ったらかしにされて寂しい人生でしたから、人と話すのが楽しかったんです（笑）。それがたまたま売上げにつながっただけ」

●ついに手にした自立力

働くことで得たのは、自分の自由になるお金だけではない。人が喜んでくれることがうれしい。しかも「家に閉じこもっているときは『私なんか誰も相手にしてくれない』と思っていたけれど、働き始めるとチヤホヤしてくれる男の人もいたんですよ」と、薫さんは笑う。

何より、仕事を始めて自分自身が解放された。

「収入を得て自分の足で立てるようになり、夫に養われている感覚がなくなりました。それに自分で生きる自信がないといいたいことをいい通せないでしょ。仕事をするようになって、夫に『あなたのここが違う』と思ってもいえなかったことがいえるようになりました。ひとりでも食べていける自信がつき、好きなことをしていいたいことをいって、それで夫に『出て行け』といわれたら、『離婚してもいいわよ。いつでも出て行く』という感じになりました（笑）」

仕事をすることで自信がつき、輝き始めた妻に、夫は「母ちゃんはやっぱりすごい」と笑った。

そんな夫に、薫さんは気がついた。

「ずっと『夫は専業主婦の妻を望んでいる』と思っていました。でも違っていた。夫は『専業主婦がいい』といったのは本当の気持ちだったんです。彼は、結婚当初に『それぞれ別に生きよう』といったのは本当の気持ちだったんですよね。彼は、ちゃんと働いて自分の人生を生きる妻がよかったんだと思います」

実際、秀雄さんは妻がフルタイムで働くようになっても何もいわなかった。インテリア関係の短期的なアルバイトをしていたときは「家事はちゃんとやってくれ」といっていたが、フルタイムで働くようになってからはそれもいわなくなった。

ただいわれたのは「働くということは責任がある。やるからにはきちんと務めろ。『夫が』とか『家庭が』とかいい訳はするな」だけだった。

薫さんは夫が定年退職した後も働き続ける。フルタイム勤務で遅番に入る日などは、夫が食事を作ってくれるようになった。

そんなある日のこと。

「同窓会があるから、日本に帰っていい？」と聞いた薫さんに、夫は「いつも『○○していい?』とオレに聞くけれど、どうしてそんなことを人に聞くんだ? 『○日に行く』といえばいいだろ」と答えた。

「子どもの頃から『映画に行っていい?』『○○していい?』と両親に聞いていましたから、そういうものだと思い込んでいたんです。夫の言葉に(その通りだ。だって私自身のことなんだから)と目からウロコが落ちました(笑)。夫のひとことに、両親に植えつけられた呪縛から解放された気がしましたね」

今、薫さんはいう。

「夫は、父のように妻を囲いこむ人ではなかった。だからこそ私は自立できたと思うんです。そして働くことで『養う、養われる』の夫婦関係から夫と対等のパートナーになることができました」

夫に依存する女性の老後

働くことで自立できたからこそ、「母のような老後にならなくてすんだ」とも、薫さんは心の底で思っている。

夫に頼り切り、夫に依存していた母。だが人は誰かに頼るだけでは生きていけない。自分の生きがいも必要だ。薫さんの母にとって、それは子どもだったのだろう。

子どもに過保護で過干渉だった母。そんな母を頼りにする一方、兄と薫さんは母の干渉を嫌った。

「子どもの頃の私は体が弱く、母はとにかく過保護でした。私のやることなすことに口を出し、お見合いをしているときも『相手がこういったらこういえ』『お見合いの内容を報告しろ』とうるさくて。結婚したら、過保護でおせっかいな母から離れられる。そう思うと、結婚式でうれし泣きしました（笑）」

だが、妹は違った。「妹は母の過保護を欲していたと思う」と、薫さんはいう。

保護したい親と保護されたい娘。当然のごとく、母は妹を溺愛した。まるで〝一卵性母娘〟のような密着した関係になっていく。

そんななか、母は頼りの父に先立たれてしまう。夫を亡くし、ひとりになった母に「同居しよう」と誘ったのは妹夫婦だ。

「妹のご主人はとても良い人で『お義母さんの部屋があるから、うちで暮らしませんか』と誘ってくれたんです。母は喜び勇んで妹の家に行ってしまいました。母が『私はひとりで住んで自由に生きたい。そして、子どもたちと行き来する関係でいたい』といえる人ならよかったのだけれど……」

その後、母は介護が必要な体になってしまう。必然的に、同居している妹がそのまま母の面倒を見ることになった。

「妹は、自分に頼りきりの母に失望してしまったみたい。そんな妹に、母は卑屈になって。娘の顔色をうかがうような母の目を忘れることができません。そして妹はそんな母に苛立ちながら自責の念を抱えるようになった。妹も、ものすごくつらかったんだと思います。『どうして私だけが母の面倒を見なくちゃいけないの』という気持ちもあったと思う。妹はいつもイライラして、夫婦関係も私たち兄姉妹との関係もグチャグチャになりました」

その後、母は施設に入り、八九歳で亡くなった。

今、薫さんと妹は「母のようにはなりたくないね」と語り合っている。

「家族であっても相手に頼りきってはいずれやっていけなくなる。人間は自立していないとダメなんですよね。母を見てきたから、『私は老後も自立して生きたい』と思っています」

夫の死

夫に先立たれて独りになっても、自立して生きていきたい。

それは現実になった。

「夫婦で永住権を取って、老後はアメリカで過ごそうか」と話し合っていた矢先、秀雄さんに末期の肺がんが見つかる。

アメリカの医師に「何もしなければ一年、治療すればもっと生きられる」といわれ、抗がん剤治療を開始。

秀雄さんは自宅で療養しながら抗がん剤治療を受け、心膜炎（がんのために隣接する心臓の周囲に水がたまる状態）で呼吸が苦しくなると入院していた。

二〇〇八年一月、日本で結婚した長女と次女が家族を連れてアメリカへ来た。

夫を囲んで家族が食事した数日後、夫はまた呼吸が苦しくなり、病院へ。入院した直後、容態が急変し、帰らぬ人となった。

そのとき、秀雄さん六八歳、薫さん六一歳。

がんが見つかってわずか五カ月後の夫の死。薫さんにとって予想外の出来事だった。もちろん、秀雄さん本人にとっても。

「医師に『治療すれば』といわれていましたから、まさかこんなに早く逝くなんて思ってもいなかった。がんより、心臓が持たなかったのでしょうね。結局、ろくに介護もしてあげられなくて……」

アメリカでの告別式の後、日本でお別れ会が行われた。会には多くの人が詰めかけた。「夫の学生時代の友達、商社の関係者……。たくさんの人がきてくれました」と薫さんはいう。

友人の山田さんは「秀雄さんは、やっぱり人望の厚い人だったんだ、と思いましたね」と振り返る。

バンカラで甘ったれ。しかし人に愛された人。それが秀雄さんだった。

結婚とは自分の足で歩くこと

結婚生活四〇年を振り返り、薫さんは「夫と結婚をしてよかった」と笑う。

「今回、取材の申し込みをお引き受けしたのは『お見合いって悪くない』といいたかったから（笑）。『お見合いより恋愛結婚のほうがいい』という人もいますが、私はお見合いでよかったと思っています。お見合いを世話してくれた人に感謝です。お見合いを世話してくれる人がいなかったら、自分では何もできなかった私なんて〝いかず後家〟になっていたと思いますよ（笑）」

それに「大好き」で結婚したら、自分を相手に合わせようとして毎日が苦しかったのではないか。惚れあっての結婚は、失望したときの痛手も大きいのではないか。薫さんは、そう思っている。

「お見合いって『大好き』ではなく、『嫌なところがない』がスタートでしょ。私たちは、互いに『そんなに嫌なところがない。この人なら楽に息ができそう。そして夫婦関係はゼロからスタートすればいい』で結婚したのだと思うし、それでよかった。いろいろありましたが、結婚生活は居心地よかったです。一緒に人生をやっていく仲間として、お互いが必要でもあった。私が彼を頼った部分もあるし、彼も私を頼っていたと思います。

何より『それぞれ別に生きよう。自分のことは自分でやって。オレも自分のことは自分でするから』という夫との結婚生活の中で、私は『人間は自立が大事』ということを学びました。それはものすごく大きい」

そんな夫との暮らしのなかで、自分の足で歩くようになった薫さん。

「秀雄さんは〝薫育て〟をしたんだよね」と友人の山田さんはいう。薫さんの妹も「お姉ちゃんは強くなったよね。何でも自分でできる」と驚いている。

「自立した自分」を力に

夫の死から七カ月後、薫さんは仕事を持つ長女が出産したのを機に日本へ戻った。働く娘の育児を手助けするためだ。

それから八年、今も日本にいる。実はアメリカに帰る予定だった。その矢先、薫さんに乳がんが見つかったのだ。

現在、アメリカから連れてきた猫と犬とともにマンションでひとり暮らしをしながら、日本でがん治療を受けている。薬でがんを小さくしてから、手術を受ける予定だ。

夫はがんが発見されて五カ月で亡くなった。

薫さんにも死への恐怖や不安はある。

だけど、この人は明るい。

「死ぬことになっても『悲しみに浸るまい』と思っています。死ぬのは悲しいけれど、どうせみんな死ぬんだし。子どもは『親がいなければ』という年齢でもないし。それに還暦を過ぎてからのがんは、そんなに悪いことではない気もしているの。寝たきりになったりするよりいいかも。がんは家族とお別れができるし、死への準備もできますから」

人間はいずれ死ぬのだから、たとえ死ぬことになっても悲しむまい。悲しみに浸るまい。

一方で、治療がうまくいってこれからの老後があるのなら、いずれは老人ホームに入ろうと考えている。

「アメリカの自宅は今、人に貸しているんです。手術が終わったら、アメリカに行って家を処分しようと思っています。その後はしばらくアメリカにいるかもしれないし、日本に戻るかもしれない。そして最後は……。子どもに依存するのではなく、日本の老人ホームで人生を終わりたいんです」

夫に「それぞれに生きよう」といわれて途方に暮れた日があった。「私は放ったらかしにされた女房」と嘆いた日もあった。つらそうな夫の姿に、心を痛めた日もあった。夫を頼った日もあったし、頼られた日もあった。「夫と対等のパートナーになれた」と喜んだ日もあった。

ゼロからスタートし、共に生きる日々のなかで築き上げた夫婦の絆。

そんな結婚生活のなかで培われた〝自立した自分〟を力に、これから何があろうとも自分の足できちんと生きていきたい。

薫さんは今、そう思っている。

夫はそんな妻を天国から見守っているに違いない。「やっぱり、母ちゃんはすごい」と笑いながら。

第2章　「主婦の座」を夫に譲って

●語らない男たち

円満な夫婦関係の秘訣として「会話」を挙げる人は多い。実際、保険会社が二〇一六年に行った「夫婦をテーマにしたアンケート調査」でも、「夫婦円満のために何が必要か」という問いへの回答のトップは「よく会話をする」(六七・四%)となっている。愛情を感じている夫婦と、感じていない夫婦とでは、平日の会話時間が約二・九倍も違うとの結果も出た(明治安田相互保険会社「いい夫婦の日」に関するアンケート調査より)。

当然だろう。会話はコミュニケーションの最大のツール。それがなければ友人関係も夫婦関係も成り立たない。

ところが、日本では夫婦の会話がないがしろにされた時代があった。現在、高齢者と呼ばれる年代になった夫婦はその時代を生きてきた人たちだろう。

カラーテレビが一般家庭に普及し始めた一九七〇年、強烈なキャッチフレーズで一世を風靡したテレビコマーシャルがあった。「男は黙ってサッポロビール」——。この言葉が世に受け入れられたのは、「『男は黙して語らず』がよし」とされていたから。口数の多い男は「女みたいにペラペラ喋る」と蔑視されていた。

だが、男性がいつでも語らなかったわけではない。

私（筆者）がＯＬだった八〇年代、職場にいた四〇代・五〇代の男性は決して無口ではなかった。口数の少ない人はいたが、寡黙ではなかった。口下手の印象が強い技術者も、それなりに話をした。当然だろう。会話がなければ、職場での人間関係も仕事もうまく回らない。

だが、会社で話す彼らも家ではほとんど喋らなかった（と、本人たちがいっていた）。

家で話す時間がない、ということもある。五〇年代の半ばから約二〇年に及ぶ高度経済成長期。今ならブラック企業として訴えられそうな「二四時間、働けますか」のテレビコマーシャルが登場した八〇年代。男たちは、企業戦士の名の下に仕事に没頭した。

仕事一筋で家にいる時間が少ないのだから、おのずと夫婦の会話も少なくなる。

「男は仕事、女は家庭」の役割分担で動いていた時代、仕事一筋の夫と家庭が中心の妻とでは共通の話題もない。しかも会社では話をせざるを得なくても家では違う。夫が何も語らなくとも、妻の裁量で生活は回っていく。

「男は黙して語らず」「男は仕事がいちばん。家庭のチマチマしたことに関わるのは男がすたる」という風潮もある。

それは妻も同じだったのではないか。仕事一筋の夫を「よし」としていた。そして会話のない夫婦関係にも夫不在の日々にも慣れていく。そんな妻の気持ちを代弁したのが、一九八六年の流行語「亭主元気で留守がいい」だろう。

ただし、「仕事一筋」「亭主元気で留守がいい」のときは、いずれ終わりがくる。定年退職で夫が家に戻り、おのずと夫婦の時間が増える。そのとき、多くの妻たちが愕然とする。

「結婚して今まで、夫のことがよくわかっていなかった」と。

ものいわぬ夫との暮らし

川口康之さん（七三歳）は仕事一筋、家では口を利かぬ人だった。いや、現役時代は営業マンとして活躍していた康之さんは喋らないほうではない。「夫は、同世代の男性と比べて喋るほうではないかしら。ただうちでは、いわなければならないこともいわないというか……」と、妻の真知子さん（七〇歳）は話す。

二人が見合い結婚をしたのは一九七二年。康之さん二八歳、真知子さん二五歳のときだ。

「恋愛感情があったわけではない」と真知子さんは振り返る。学校を卒業して腰掛け程度に働き、永久就職口として結婚するのが女の花道といわれた時代。会社勤めをしていた真知子さんも「父に『早く結婚をしろ』とせっつかれていました」。

それは男性も同じ。嫁をもらって一人前の時代だった。

結婚が当たり前の時代に、年頃の二人は結ばれる。三月に結納、結婚式は一

○月に決まった。

ところが、その年の五月に康之さんの母が倒れた。康之さんは三人兄弟の二男で長男夫婦は遠方にいたため、唯一の女手である婚約者の真知子さんが入院した姑の世話をすることになり、病院に通いつめた。

真知子さんは姑の病気を胃潰瘍と聞いていたが、実は胃がんだった。それを知ったのは結婚式のあと。「どうして、がんだと教えてくれなかったの？」と問うた妻に、夫は「『がん』といったら、結婚を断ってきただろう。そうしたらお袋が力を落として死んじゃうかもしれない。だから、いわなかった」と答えた。

「『何それ？』と思いましたよ。胃潰瘍でもがんでも結婚を断るつもりはなかったし、それが破談の理由にはならないでしょ。今も、彼の気持ちがよく分からないんです」

結婚式をあげて間もなく、姑は死去。その葬式でも一悶着があった。

兄嫁と真知子さんが通夜や葬式の裏方をやった。弔問客を迎え、お茶や料理を出し、精一杯にやったつもりだった。ところが夫からはねぎらいの一言もない。それどころか兄嫁と一緒に葬式の後片付けをしていた真知子さんに「いい年をして、あんな葬式しかできないのか」といい捨てる。兄嫁は泣き出した。ショックを受けたのは真知子さんも同じ。それでも「何がどう問題なのか」といってくれれば反論するなり、反省するなりできる。だが、康之さんはそれ以上何もいわない。

これが夫という人なのか。そう思うと心が冷え、真知子さんは葬式会場を飛び出して実家にかけ戻った。「結婚しろ」といい続けた父は、泣き顔の娘に驚きながらも「とにかくここは一度、家に戻れ」と娘を諭した。

真知子さんは、いったんは社宅の家に戻った。だがそれから三日後、夫が何もいわずに家から出て行ってしまう。

「実家に戻っちゃったんです。義兄は遠方にいるし、義弟も家を出ている。姑を亡くして独り暮らしになった舅が心配だったのだと思います」

そうかもしれない、そうだろう。ならば「父が心配」と妻にいえばいいだけのこと。何もいわずに出て行くとは、「黙して語らず」も限度を超えている。

真知子さんは途方に暮れた。

「これが結婚というものか、と思いました。でも、別れようとは思わなかった。そういう時代だったんですよ。女性は結婚こそが生きる道。今さら実家には帰ることもできないし、別れたところでどうやって食べていけばいいのか。何より、私自身が『結婚したら、離婚なんてあり得ない』と思っていましたから」

その一方「舅が可哀そう」という思いもあった。

真知子さんは一六歳のときに母をがんで亡くしている。

「母を亡くし、父はとても寂しそうでした。伴侶を亡くした舅もどれほど寂しい思いをしているか。そう思うと可哀そうで」

かくして真知子さんも夫の実家へ。若い夫婦は舅と同居することになった。ふたを開ければ、これがよかった。

仕事一筋の夫が帰宅するのは深夜の一二時頃。営業マンの夫は休日も接待ゴルフやら何やらで、ほとんど家にいない。家にいないのだから、夫婦の会話はまったくなし。

結婚の翌年に長男、その二年後に次男が生まれたが、「立った」「歩いた」と夫婦が喜びをわかち合うこともなかった。

逆に、明治の終わりに生まれた舅はよく話す人。

「子どものこと、日常の出来事……。舅とはいろいろな話をしました。舅との仲は悪くなかったし、舅と話をしていたから夫との会話が皆無でもよかったんですよね」

舅は前向きな人でもあった。仕事をやめて家にいた舅は「何かをしなければ」と思ったのだろう。一念発起し、宅地建物取引士（宅建）の資格を取った。「資格取得のお祝いをしましょう」と舅と嫁が向き合ってお酒を酌み交わしていたとき、康之さんが帰ってきた。「何してるの？」と不思議がる夫に、「お義父さんが宅建の資格を取ったお祝い」と笑った真知子さん。かつて父が心配だと実家に戻った康之さんは、父が宅建の資格を取ろうとしていたことさえ知らなかった。

「夫は夫婦だけでなく、自分の親や兄弟とも会話がなかったんです」

企業戦士の家は母子家庭

会話がない……だけではない。仕事に忙しい康之さんは家庭に無頓着。家庭サービスどころか、家族が揃って出かけることもない。二人の幼い息子と遊んでくれることもない。

「公園で子どもを肩車している男性を横目に、『うちは母子家庭のようだ』と思いましたね」

昭和の時代、このセリフを口にしたのは真知子さんだけではない。「夫は仕事ばかり。うちは母子家庭のようなものよ」と多くの妻が語っている。言葉の奥にあるのは、夫不在の寂しさや家庭を顧みないことへの怒りではない。「男は働いてなんぼ」の時代、「母子家庭のようなもの」は、「うちの夫は仕事熱心なのよ」の自慢の裏返しでもある。

だが、真知子さんはちょっと違った。「仕事に一生懸命な夫を尊敬していた」という。尊敬する一方、家庭に無頓着な夫に戸惑いもあった。なぜなら、自分の父はそういう人ではなかったから。

真知子さんの父は仕事も、そして家庭も大事にした人。娘と腕を組んで歩くくらい。そんな父が大好きだった娘。

「父はとても温かい人でした。そして家庭から逃げなかった」

母が亡くなったのは父が四三歳のとき。一六歳の真知子さんを筆頭に、二人の妹がいた。

「母は、私たちにとって太陽のような存在でした。母を失くして心に穴が開いたようになり、妹とともに何をどうしていいのか分からなくなった。一方で長女の私は自分が母の代わりになろう、父の世話をしようと思ったんです。でも、父に『娘に面倒を見られるなんてたまらない。真知子は自分のことを考えろ。母の代わりになろうなんて思うな、俺の面倒を見ようなんて思うな』といわれました」

父は仕事も家事もした。会社から帰ると洗濯をしていた。いつも娘たちに目を向け、心配してくれた。家族を大事にするのは、再婚した後も変わらなかった。

「父は家族を包み込み、家族をまとめていました。そんな父を見て育ったので『男とはそういうもの』と思っちゃったんです。でも夫は違う。結婚生活は『父とはここが違う、あそこも違う』の繰り返しでした。だからといって『父のようになってほしい』と夫に望んだわけではないの。夫が父のような人ではないと分かってからは、期待しなくなった。『子どもと遊んでほしい』とも考えなくなり、『夫はこういう人だから、家庭のことは私が何とかしなくちゃ』と思うようになりました」

目の前のことに突っ走る夫

夫には期待しない。「それは愛情がないからでしょう。愛情があれば『こうしてほしい』と思うもの」と、友達にいわれたこともある。

それは違う。真知子さんは期待しないだけで、夫に愛情がないわけでも嫌っていたわけでもない。

「夫のことを『嫌だなぁ』と思ったことはありますよ。でも慌ただしい生活のなかで『嫌だなぁ』が風化され、そのうちに良いところが見つかる。そんな感じでしたね」

良いところの一つは結婚六年目に見つけた。康之さんがシンガポールに転勤になり、真知子さんも五歳と三歳の息子を連れてシンガポールに渡った。海外生活は三年続いた。夫は、日本にいる頃ほど仕事が忙しくなかったのだろう。子どもとプールに行ったり、公園で遊んだりしてくれた。

「あのとき『この人は子ども嫌いじゃなかったんだ』と思いました。あれが夫という人間を理解する最初の出来事でしたね」

夫に感激したこともある。

真知子さんは四三歳のとき、喉仏付近にしこりを見つけた。「甲状腺がん」だった。二人の息子は、まだ一〇代。

「今、死ぬわけにはいかない。母を失くした、あの時の自分の気持ちを子どもたちに味わわせたくない。同時に『がん』という病名に、気持ちが真っ暗になりました」

手術に関する説明日、夫の康之さんはがん専門病院に付き添ってくれた。ところが甲状腺がんの手術で著名な医師の元には患者が殺到。「手術は三カ月後」といわれる。

病院の待合室で「三カ月後なんて、そんなに待てない」と呟いた妻に、夫が立ち上がった。病院の受付で看護師を呼んでもらい、診療室に押しかけて医師に話をつけた。「真知子は母をがんで失くしているので、すごく不安になっている。不安を抱えながら、三カ月も待てない。何とかすぐに手術をしてほしい」と。

康之さんの迫力に押されたのか、医師は自分が兼務している別の病院を紹介してくれ、真知子さんはすぐに手術が受けられることになった。

「彼の行動が嬉しかったし、感謝しました。私より感動したのが夫とともに病院についてきてくれた妹です。『お義兄さんはいろいろある。変わった人でもある。でも今回は感動した。お義兄さんについていけば大丈夫よ』といわれました（笑）」

ただし、感謝はしたが「夫についていこう」と思ったわけでもない。

「彼は『こう』と思うと突っ走る性格なんだと思います。ボウリングに喩えると『コントロールがどう』とか考えず、直球勝負でカパーンとピンを倒そうとする人（笑）。百かゼロかの人なんですよ」

母が死去すると「ひとりになった父をどうするか」で頭がいっぱいになり、妻のことまで考えられなくなってひとり実家に戻る。仕事に夢中になると家庭のことはゼロになる。

真知子さんは「私ががんになったときも同じだと思う」と推測する。「妻の病気を何とかしなければ」がすべてになり、他の患者のことも何も見えなくなって突っ走る。

妻が手術を受けて完治すると、夫は再び「仕事が百、家庭はゼロ」の人に戻った。

「振り返れば、私が『こうして』と望んだことに夫が応えてくれたことはないんです。彼は、いつも自分が『こうしたい』と思ったことをしているだけ。そんな夫に『こっちを向いてほしい』と思っても、彼は向いてはくれないでしょう。いつしか『夫に頼るのではなく、私は自分で人生の喜びを見つけなくちゃ』と思うようになりましたね」

真知子さんは友との時間を大切にし、地域の勉強会などにも出席して、自分の生活を充実させるように努めた。二人の息子の手が離れた四七歳のときから、週三日のパート勤務も始めた。

仕事一筋の夫、家庭を守りながら自分の人生を生きる妻。それはそれでよかった。

夫が定年を迎えるまでは……。

●家計の洗い直しを始めた夫

康之さんが一度目の定年退職をしたのは六〇歳のとき。それから嘱託で二年、別の会社で働いて二年。

六四歳の夫はある日、「仕事を辞めた」と妻に告げた。そのとき、妻は六一歳。

「会社を辞めた理由？　人間関係で何かあったのかと思うのですが、本人が何もいわないので本当のところは分かりません。もともと会社のことや仕事のことは一切、いわない人だから。私も、聞いても分からないと思っていたので聞かなかったたし。ただ『これからどうするの?』とは聞いたんです。そうしたら『もう働かない』と」

そして、予想外のことをいいだす。「俺が働かなくても年金で暮らしていければいいわけだろ。今、生活費はいくらかかっている?」と。

ところが、真知子さんは家計簿をつけておらず、生活費を勘定別に細かく答えることができなかった。

「彼は、私のどんぶり勘定にイライラし、『食費は? 光熱費は? だいたいでいいから出せ』と怒り出した。この人は何をしようとしているのか。『嫌だな』と思いましたね」

真知子さんは「あればあるなりに、なければないなりに」という形で四〇年近くをやってきた。それで借金を作ったわけでも、家計が破綻したわけでもない。それなりに貯金もできた。ところが家庭にも家計にも無関心だった夫がいきなり家計を洗い直し、食費は〇〇円、光熱費は〇〇円と予算を決めようとしている。「だいたい」の勘定で家庭を回し続けてきた妻は、今までの自分を否定されたような気持ちにもなる。夫は、どんぶり勘定の妻のやり方が理解できない。

「『今までのやり方で何が悪いの？』『こんなことをしていたら、年金で生活ができなくなる』と初めて喧嘩になりました」

今まで、互いに向き合うことがないだけに喧嘩もなかった。なのに、それから毎日、家計のことで大喧嘩。

一方妻は、いきなり家計に口出しを始めた夫の気持ちを「分からなくもない」という。

「本人がいわないので推測にすぎませんが、彼は収入が年金しかなくなって『やっていけるか』と不安になったんじゃないかしら。しかも『これ』と思うと馬車馬状態になる人だから。家計に目が向いたとたん、それに一直線になったんだと思うんです。だったら、働いて収入を増やすことを考えてもいいんじゃないですか。ですが『家にずっといるの？　自分のお小遣い程度でいいから働いたら』といっても、『もう働かない』の一点張り」

「働いたら」と妻がいったのは、経済的なことが理由だったわけではない。むしろ夫のことが心配だったからだ。

覇気のある夫であってほしいのに

夫の定年後は夫婦の試練のときだ。

仕事一筋で四〇年。長い会社員生活を終え、夫は「これからゆっくりしたい」と思う。家族のために身を粉にして働いてきたという思いがあるだけに、退職後も妻が自分の身の周りの世話をしてくれると信じている。

一方、妻は老後も忙しい。夫不在の長い生活の中で、地域の人や友達と付き合ったり、趣味を楽しんだり、仕事を始めたり、自分の生活スタイルを確立している。

しかし妻とて老年の身。今さら夫の世話はしたくない。

だが、妻が最も嫌がっているのは、おさんどんでも夫の世話でもない。それ以上に恐れているのは「家の中で朽ちていく夫」を見ることだ。

退職後、仕事も趣味も友達もなく、家の中でゴロゴロしている夫。何もしなくても一日は過ぎていくが、生きがいのない生活は心を蝕《むしば》む。実際、テレビを友達にゴロゴロする日々の中で覇気を失い、うつ状態になったり、認知症を発症したりする人も少なくない。

「定年後は『悠々自適』『晴耕雨読』と称して何もやらない。それが一番危ない。何もしないことがボケへの道です」と警告する認知症の専門医もいる。もし自分の夫がそうなったら……、それは妻にとって恐怖に近い。

夫は一生懸命に働いてきた。そんな夫に感謝しているし、尊敬もしてきた。だからこそ、老後も覇気のある夫であってほしい。イキイキと人生を楽しんでほしい。そのために働いたり、趣味を楽しんだり、人と会ったりしてほしい。多くの妻は、そう思っている。

真知子さんも同じだった。

「仕事一筋だった夫には趣味もなく、友達もいない。しかも自分から人間関係を切ってしまうんです」

例えば年賀状。退職してから、康之さんは「こちらから出す必要がない。きたものだけに返せばいい」と年賀状を書かなくなった。また、地域の人が町内会活動に誘ってくれても「やらない」のひとこと。

人間関係を持たないということは、行動範囲が狭まるということだ。

「夫が仕事も趣味もなく、人とも会わず、家にずっといる。『そんな日々を続けたら、この人はどうなるのだろう』と思うと不安でたまらなくなりました」

「静かに暮らしたい」が夫のホンネ

「生きがいを見つけてほしい」は、夫に期待しない真知子さんが康之さんに望んだ唯一のことだ。だが、妻の言葉に夫は何も答えない。「自分はどうしたいのか」ともいわない。のれんに腕押しの夫に、なおのこと妻のイライラが募る。

二人の息子は独立し、一つ屋根の下で夫婦二人暮らし。しかも「家が狭く、自分の部屋がなかったから」と居間で共に過ごしていた。同じ部屋にいながら、互いに仏頂面のまま目も合わさず、会話もなし。二人で食卓を囲みながら互いに一言も発せず、ただ黙々と食べる日々。たまの会話は、家計に関する喧嘩ばかり。そうかと思えば「たまには外に出たら」「仕事を探したら」と妻は切り口上でいい、「またその話か」とばかりに夫は黙り込む。

そのうち夫婦は、居間の左右に分かれて過ごすようになった。夫は妻に背を向けて部屋の右側にあるテレビを眺め、妻は夫に背を向けて左側にあるパソコンに向かう。

パソコンに向かってもすることがない真知子さんはパソコンゲームを始めるようになった。ただし、頭は夫への苛立ちで満杯状態。脳を使うシミュレーションゲームに没頭するだけの余裕はない。勢いキーボードを連打するだけのトランプゲームなどが増えていく。夫への怒りやストレスをぶつけるかのごとく、キーを連打する。夫は背中で聞くパソコンキーの音に対抗するかのように、テレビのボリュームを上げる。部屋の中にパソコンを打つ音とテレビの音だけが鳴り響く。それがまた互いの苛立ちを増幅させ、妻のキーを打つ速度が速くなる。

かくして真知子さんはゲームの達人になった。そしてキーの打ち過ぎで、人差し指が腱鞘炎の一つであるバネ指になった。

地球温暖化による気温上昇も何のその。猛暑の夏でさえ家の中は冷え冷えした冷蔵庫状態。夫婦はイライラを全身から発し、相手を寄せ付けないハリネズミ状態。「気持ちは真っ暗でしたね」と真知子さんは振り返る。

真知子さんが続けていた仕事先の上司も「当時の真知子さんは、ものすごく暗い顔をしていた」という。

そんな生活が二年近く。

ある日、妻の怒りが爆発する。

「『人生を楽しんでほしいだけなのに。どうして分かってくれないの』と叫びながら、夫の胸を叩いちゃったんです。結婚して初めて夫を叩きました」

康之さんは一言も返さなかったが、感じることはあったらしい。

数日後の朝、真知子さんはテーブルの上に置かれた一枚の紙に目を留める。

そこには、殴り書きでこう綴られていた。

「真知子が別れたいというのなら、
別れてもいいです。
僕は静かな生活が送りたい」

結婚生活三十数年で初めて自分の思いを語った康之さん。それが「別れてもいい。静かな生活が送りたい」とは……。

「でも寂しいとも、悲しいとも思わなかったですね。怒りもなかった。ただ『この人はこういうふうに考えていたんだ』と思った。私は『外に出たほうがいい』と信じ込んでいたけれど、彼は家で静かに暮らしたかったんだ、と初めて分かりました。そして『こういうことを書かせた自分がいたんだ』と分かった。分かってよかったと思います」

真知子さんとて「別れたい」と思わなかったわけではないが、離婚しても生活は立ち行かず、真剣に離婚を考えたこともない。だが、なぜか「夫も別れたいと思っている」と考えてはいなかった。

「夫も私と同じようにつらかったんですよね。そりゃあ、そうです。顔を突き合わせているのに、家庭内別居の状態だったのですから」

夫に主婦業を明け渡す

その後、川口さん夫婦は離婚について話し合ったわけでも、「これからどうするか」と語り合ったわけでもない。互いにメモについて触れたこともない。しかし、このメモの力は大きかった。真知子さんが「夫は家にいる生活がしたいんだ」と心底、悟ったからである。

夫婦関係改善のきっかけは、そんな真知子さんのたった一言だった。「『家にいるなら、ご飯でも作ったら』と夫にいったんです。そうしたら、彼が『えっ、いいの？』。こっちは『えっ、作る気があるの？』と驚きました」

夫婦がいかに〝夫婦の型〟に縛られているものか、と思う。妻は「家事は妻の仕事。夫は家事などできない、したくない」と思い込む。それは夫の退職後も変わらず、妻はイライラしながらおさんどんに明け暮れ、家にいながら何もしない夫にますますイライラする。

妻のイライラを背中で感じ取りながら身を縮め、でも「家事は妻」と思い込んでいる夫は、何をどうしていいのか分からない。

だが、真知子さんは「夫は家事をしたくない」が自分の思い込みであることに気がついた。そして、夫に主婦業という仕事を与えることを思いつく。

「家から出ようとはしない彼にとって、何が生きがいになるのか？　それは『家のこと、家事しかない』と思ったんです」

これがよかった。

夫は食事を作るようになった。妻の分も。もともと、康之さんは「これ」を見つけると一直線の人。しかも時間は余るほどにある。

「それまで夫は一度も食事を作ったことがありません。『本当にできるの？』と思ったけれど、教えたりはしませんでした。教えられて習う人ではないし、私も教え上手ではなかったから。そうしたら、テレビの料理番組をみたりするようになって。それに『安い食材を買いに行く』という目標が生まれたみたい。チラシを見てスーパーに行くようになったんです。家事をすることで夫が外出するようになりました（笑）」

食材を買うためにはお金が必要だ。そこで真知子さんは、康之さんに生活費を預けた。

「もともと喧嘩の始まりは家計のあり方ですし。『お金を渡すから家計をやってほしい』と、彼に頼んだのです」

真知子さんは今も週三日のパートに出ているし、友達と会ったりすることも多い。健康のためにウォーキングもしている。家にいる時間は妻より夫のほうが断然長い。

そのうち家にいる夫が「家事を侵蝕してくるようになった」と彼女は笑う。料理から始まり、ゴミ出しも掃除もするようになった。洗濯もするようになった。

「夫はやりだすと徹底的にやる人ですから。ゴミの日は『家の中のチリひとつ捨て忘れまい』の勢いでゴミ袋にゴミをまとめる。洗濯もしかり。朝、新聞とテレビの天気予報を確認し、『今日は洗濯するぞ。洗うから、着ているものをすべて脱げ』となるんです。ねっ、変わってるでしょ（笑）」

夫のやる家事には口出ししない

ただし、康之さんはやる気こそあっても不器用。包丁使いが危なっかしい。それでも、真知子さんは「こうすれば」とはいわなかった。

「何しろ百かゼロかの人ですから。口出しをして、その気をそいだら『もうやめた』になる危険がある。もちろんいいたくてムズムズしてくるし、いわない我慢はつらいですよ。でも料理は食べられればいい、洗濯物は乾けばいい……と、割り切りました」

そのうち康之さんは料理を研究し始める。焼き魚は「ふっくらするように」とまず酒に漬け、それから塩をする。「私は、そんな面倒なことはしませんよ」と妻は笑う。だからといって、夫のやり方にケチをつけるわけでもない。おいしいものは「おいしい」と喜び、まずいものはそーっと残した。すると、夫はさらに改良を重ねていく。

「家の中に主婦が二人いたら大変ですよ。それぞれのやり方があり、喧嘩になってしまう。だから、同居の嫁姑はうまくいかないんじゃないかしら。今は夫が主婦。夫のやることに口出しはしませんから、喧嘩になりません」

そうはいっても、やっぱり気になるときはある。例えば、物干し竿に袖がクシャクシャに丸まったままのシャツが干されているのを見たとき。「そんな干し方はダメ」とはいわない。「袖口を伸ばせば早く乾くし、シワにならないのに」と独り言のようにつぶやく。

「夫は聞いているのかいないのか……。でも次のときは袖口がのばされているから、聞いているのだと思います（笑）」

それにしても真知子さんはなぜ、夫に主婦業を明け渡すことができたのか。主婦業は、妻にとって存在意義になりやすい。それを明け渡すということは「仕事を失った夫」の逆バージョンになりかねない。だからこそ妻は、どれほど苛立ちを募らせても主婦業のすべてを夫に渡したりはしない。

真知子さんが主婦業を明け渡すことができたのは、仕事を持っていたからだ。「働いていたことは大きいと思います。自分の仕事を持っているから、主婦でなくてもよかった。家計を夫に任せられたのも働いて自分のお金があるから。

自分の自由になるお金がなければ、彼に家計のすべてを預けることはできなかったんじゃないかな。何より、仕事をするといろいろな人がいることが分かります。いろいろな考えを聞くうち、『家事は妻がしなければ』など『こうせねば、こうすべき』に凝り固まっていた価値観から解放され、『人生も夫婦のあり方もいろいろでいい』と思うようになったんです」

では、主婦となった夫は何を思っているのか？

「気持ちをいわない人なのでよく分かりませんが、やることができた夫はちょっと楽しそうなんですよね（笑）」

真知子さんの思惑通り、康之さんは家事が生きがいになったらしい。

●互いのやり方を尊重し合う

康之さんが主夫業を始めて五年。現在、洗濯も掃除も家にいる時間の長い夫がしている。料理は二人で。といっても、一緒に作っているわけではない。朝食は早く起きたほうが夫婦二人分を作る。昼食は、その日によって。真知子さんが出かける日をカレンダーに書いておくと、夫は自分で作って食べる。夕食作りは夫が週四回、妻が週三回のペース。

「夫は一七時になったら飲むと決めているみたいで（笑）、缶ビールの缶をプシューと開けます。仕事などで私が一七時までに帰宅しない日は彼が二人分の夕食を作り、自分はビールとともに食べ、私の分はとっておいてくれます。私が家にいる日は私が作って一緒に食べます。そのときも夫は一七時に缶ビールを開けるけれど、食事は一八時でも一九時でも何もいわずに待っていてくれるんですよね」

川口家の生活スタイルに「何と自由な夫婦だろう」と思う。主婦業を夫に明け渡した妻は、でも「夫がご飯を作るべき」とは思っていない。夫は妻が出かけても何もいわない。「外に出たほうがいい」「家にいたほうがいい」と、自分の価値観を相手に押し付けることもない。

「私は夫に束縛されず、好きなことができます。友達と会っても旅行で家を空けても彼は何もいいません。それは彼が自分のことは自分ででき、自分の生活を楽しんでいるからだと思う。私も彼の生活に口出しはしませんよ。私がいない日中に彼が何をしているのかは知りませんが。一度『何をしているの?』と聞いたら『別にいいだろ』といわれましたし(笑)」

相手に依存するから問題が起きる。依存すれば「こうすればいいのに」「どうしてやってくれないの」とイライラが募る。依存は束縛につながり、「どこへ行く?」「何をしている?」と相手の一挙手一投足が気になってくる。縛られる相手もたまらない。ともに自立して依存も束縛もしなければ、夫婦のもめごとは起きない。真知子さんの話が、そう教えてくれる。

●今の夫婦関係が一番

夫は、望みの静かな生活を手に入れた。妻も自由に自分の人生を楽しんでいる。

互いに自立し、互いの生き方を尊重し、依存も束縛もしない。これで語り合ったり、共感し合ったり、夫婦が寄り添って交じり合えば理想のカップルとなるのではないか。

だが、人生も夫婦関係も「理想通り」とはいかない。

今、川口さん夫婦が一緒に行動するのは、息子一家とやる月二回のテニスだけ。

「それ以外、私たち夫婦が交わることはありません。彼と私は価値観のものさしが違うんです。例えば、同じニュースを見ても感じ方が違う。だからといって二人で話し合うことはなく、テレビに向かって『それは違う』とか、それぞれにいっているの（笑）。二人で一緒に外出することもありませんね」

依存も束縛もしないが、交じり合うこともない。

「そんな関係は寂しい」「それは夫婦ではなく、同居人に過ぎない」という人もいるだろう。

だけど、真知子さんは「今の関係がすごくいい」と顔をほころばす。

「束縛せず、それぞれに生きる関係が私たちには合っているのだと思います。『深く関わっていないから』といわれればそれまでだけど、今は喧嘩もなく夫婦関係は穏やかよ。喧嘩していた頃はもちろん、仕事や家のことで互いにピリピリしていた若い頃よりずっと穏やか」

穏やかな日々に、心のゆとりができた。

ゆとりができると何でもない普通の会話が増えた。

今も夫は自分のことを語らないし、夫婦で何かを語り合うこともない。

「でも、若い頃よりは話をするようになりましたね。まぁ、話といっても孫のことや日常の出来事くらいですけれど。だけど私が笑うと、彼がうれしそうなの。彼の他愛のない話に私が笑うと、彼も笑うんです。お互いに相手のことを気にせず好きなことをして、でも一緒にいるときは笑うことができる今の関係はすごく心地よいんです」

結婚して四四年。夫を「嫌だな」と思ったこともあった。語らない夫を「分からない」と苛立ったこともあった。今も夫を理解できないところはある。

「でも今、彼が夫でよかったと思うの。私の面倒を見てくれる人でなかったから私は自立できたし、自分の人生を見つけられました。私に寄りかかる人でもないから、私は自由に生きられる。互いに相手を束縛しない関係だから、こんなに穏やかな七〇代になったのだと思うんです。

今、夫に対して何の不満もありません。唯一の心配は介護が必要になったときのこと。私に介護が必要になったら、彼はきっと徹底的に介護をしてくれると思う。でも彼に介護が必要になったら、私のやり方に内心で不満を感じるんじゃないかしら。それだけが心配なんですよね（笑）」

交じり合わない夫婦の穏やかな日々から生まれた〝夫婦の情〟。

主婦業を明け渡した今、得たものは「線路のような平行線の関係」という真知子さん。並んで生きてはいるが、重なり合うことも交じり合うこともない二本の線路のようなもの。でも、線路は二本ないと電車は走ることができない。交じり合うことはなくても、互いを必要とする二本の線路。

「彼がいなかったら……、寂しいですね。うん、すごく寂しいと思います」

第3章　夫を受け入れた妻たち

●定年後の夫に束縛されて

前章の川口真知子さんの話からも分かる通り、夫の定年退職後は夫婦の転換期だ。

現役時代の夫は家にいる時間が少なく、夫婦が向き合わなくてもやっていけた。

だが、夫の定年退職後は違う。

もちろん、時間に余裕ができて夫婦で旅行したり、映画を観たり、会話を楽しんだり、第二の新婚生活を満喫している幸せなカップルもいる。が、それ以上に多いのは、〝夫がいつも家にいる生活〟に戸惑っている妻たち。

現役時代、仕事一筋だったのは川口さんの夫・康之さんだけではない。仕事中心の生活のなかでこれといった趣味は持たず、家のことも地域活動も妻任せ。つきあいも仕事関係者ばかり、という夫の何と多いことか。

仕事という媒介を通しての人間関係しか持たなかった人は、地域社会ではどうしていいのかわからない。

することもないし、交流相手もいない。

その結果、日がな一日家にいてゴロゴロしている夫たち。

困ったことに、何をしていなくてもお腹は空く。

「自分ひとりなら昼食は残り物でもお茶漬けでもいい。でも夫がいると、それなりに作るしかなくなる。しかも正午になるとお腹がすくのか、『今か、今か』と食卓でご飯を待っている夫にイライラ。もう夫源病（夫が原因のストレス性病）になりそう」という妻は少なくない。

それだけならまだしも、ヒマを持てあまして唯一の人間関係である妻の一挙手一投足に干渉する夫もいる。

「会社員時代のクセが抜けないのか、まるで部下を諭す上司のように『そのやり方は無駄が多い』とか、私の家事にいちいち口出ししてくる。そんな夫がストレスのもと」と嘆いている妻もいる。

●熟年離婚は難しい

だが、どれほど愚痴をこぼしても、離婚を実際に行動に移す妻はほとんどいない。

〝熟年離婚〟の言葉が流行語になったのは二〇〇五年。そのもとは、定年退職した夫に妻が離婚を申し出るテレビドラマ「熟年離婚」だ。以来、結婚生活二〇年以上の夫婦が別れる熟年離婚が増加しているといわれる。

だが、私（筆者）の周りで熟年離婚した女性は五〇代まで。それも仕事をしていたり、再婚相手が見つかっていたり、離婚後の生活にそれなりの目処が立っている女性が多い。

還暦を過ぎて離婚した人はひとりもいない。

それは「人口動態統計（厚生労働省）」からも分かる。

二〇〇八年の年間離婚件数は、二五万一一三六件。

年代別にみると三〇代で離婚している女性が最も多く、全体の約四〇％。次が二〇代で約二五％、四〇代が約二一％。四〇代までで、離婚全体の八六％を超える。

五〇代になると離婚する人は減り、全体の約九％。

六〇代で離婚した女性は、全体の約三％に過ぎない。

ちなみに六〇代で離婚した男性は約五％。六〇代での離婚が女性より多いのは、夫は六〇代・年下の妻は五〇代で離婚しているからだろう。テレビドラマ「熟年離婚」と同じように、夫の定年とともに三行半を突き付けている五〇代の妻もいるのかもしれない。

しかし夫との暮らしに不満が積み重なっても、六〇代の妻で離婚に踏み切る人は少ない。

なぜか？

「結婚して四〇年もやってきたのに、今さら」の気持ちもあるだろう。

だが、何よりいちばんの理由は経済力だ。年金分割しても経済的に暮らしはきつくなる。それどころか、生活が困難になる妻もいる。還暦を超えると働く場が少なく、収入を増やすことも難しい。

夫にとっても、離婚はきつい。

しかも結婚は双方の合意だが、離婚は相手の合意を得られないケースが少なくない。財産や家・土地の分与に関する問題もある。「今さら離婚なんて」と、子どもや親に離婚を反対される場合もある。

周りの人や社会に後押しされての結婚に対し、離婚は逆風のなかを突き進むようなもの。離婚には、結婚以上のエネルギーが必要だ。

夫に不満があっても、老後の不安や離婚に関するゴタゴタを考えれば、離婚を決断することはなかなかできないのが現実だろう。

●年月のなかで歩み寄る

毎日が憂鬱、でも別れることはできない。ならば、いったいどうしたらよいのか？

「お先真っ暗」と悲観的になる必要はない。

夫婦仲の調整が「最も大変なのは夫の定年直後」というケースが多いからだ。

「定年直後は、夫が家に〝いる〟だけでイライラ。でも、そのうち夫のいる生活に慣れました」という人がいる。「一日中、夫と顔を突き合わせている生活がつらくて。でも、そのうち夫が町内会の仕事を引き受けたり、趣味を見つけたりして外出するようになり、私も自分の時間ができました」という人もいる。

ひとつ屋根の下で夫婦二人暮らし。片方が苛立つ生活は、もう片方も穏やかではいられない。

ただし、妻は家でゴロゴロしている夫が嫌なだけで、夫自身が嫌いなわけではない。夫も家でゴロゴロしたいわけではなく、何をしていいのか分からないだけ。

そんな日々のなか、互いに自分の時間を楽しむようになってほどよい距離感が保てるようになり、定年後の生活スタイルの落としどころを見つけている人は少なくない。

加藤光江さん（七七歳）も、そのひとりだ。定年退職した夫との生活に悩んだ末、落としどころを見つけた。
それは「諦めること」だった。

家庭に関心を示さない夫

光江さんが、夫の俊夫さん（八〇歳）と結婚したのは一九六六年。俊夫さん二九歳、光江さん二六歳のときだ。

光江さんは「結婚相手は、安定した職業の人がいい」と思っていた。公務員の父にも専業主婦の母にも、そう勧められていた。

そんなとき、叔母から縁談を持ち込まれる。相手は、叔母の知人の息子である俊夫さんだ。

俊夫さんは、大手電気メーカーに勤める技術者。公務員ではないけれど、倒産の心配がない安定した職業だと思った。「それに夫は口数こそ少ないけれど、真面目な感じがしました。ちょっとハンサムだったしね」と、光江さんは夫となる人の第一印象を振り返る。

「でも結婚して分かったのだけれど、夫は口数が少ないどころか、無口。例えば、私が『映画を観に行かない?』『旅行しない?』と誘っても返事はなし。料理を作っても『おいしい』も『まずい』もない。無口で、張り合いのない人だったんですよね」

楽しい結婚生活というわけではなかったが、それでも光江さんは専業主婦として家事をこなし、一男一女の子育てに専念し、「夫は仕事、妻は家庭」の分業体制で家庭は十分回っていった。

だが、子育てはままならない。

長男が中学生のとき、いじめにあった。同じ学年の子どもがいる近所の人が「お宅の息子さんが、あんまり素行のよくない上級生に目をつけられたみたいよ」と教えてくれたのだ。

光江さんは慌てた。沈み込む息子の姿に不安を募らせ、悩みに悩んだ。「いじめがエスカレートしたら」と考えるだけで、胸が痛んだ。

けれど、何もいわない息子に「いじめられているの?」とは聞けない。こっそり担任教師に相談した。息子の友達のお母さんに「本人は何もいわなくて……。息子さんから、何か聞いていませんか？」と尋ねたこともある。

結果的に、母の心配は杞憂に終わった。長男に対する上級生のちょっかいはすぐに終わり、そのうちその上級生が卒業。長男は元気を取り戻した。

大事には至らなかったが、この一件が夫婦関係に溝を作った。

「周りの人はいろいろと心配してくれたのに、夫に相談しても『家のことは、おまえに任せている』のひとこと。『父親であるあなたなら、息子が何か話すかも。ちょっと話をしてみて』と頼んだのに、夫は息子に声もかけてくれなかった。私は『自分の子どものことなのに、いじめられているかもしれないのに、心配じゃないの？』と激怒しましたよ。でも私が何かいえばいうほど、夫は口を閉ざして……」

妻はおろか、子どものことにも関心を示さない俊夫さんの態度は、光江さんの心を冷え冷えとさせた。

●家族の団らんに居場所がない夫

夫は家庭に関心がないというより、仕事が忙しすぎて家庭を顧みる余裕がなかったのだろう、と妻は考えてもみた。

「帰宅するのは毎日、深夜近く。仕事一筋で家庭にはノータッチでしたね。そのうち『夫は仕事で精一杯なんだ。そんな夫に相談してもしかたがない』と思うようになったんです」

二人の子どもが高校生になったとき、夫は転勤になった。子どもの転校を避け、俊夫さんは単身赴任をすることに。夫がいなくても生活は回った。

「夫がいなくても何ひとつ困らない。まさに『亭主元気で留守がいい』になってしまいました。父を疎ましく思う年代でもあった子どもたちも、たまに帰ってくる夫にあまり口を利かなくなりました。もともと家庭的な人ではなかったけれど、夫は単身赴任中に家族の輪のなかからますます離れてしまったんです」

夫の単身赴任は五年ほど続いた。

彼が転勤先から戻り、家庭に帰ってきたのは五〇代半ば。

同じ頃、バブル経済が崩壊し、多くの企業が残業時間の規制を始めた。

「夫は、仕事のことは何もいわないのでよく分かりませんが、部署が換わったせいもあるのかもしれません。以前より早い時間に帰宅するようになりました」

ところが、家族団らんのなかに夫がいなかった時間が長すぎた。

もともと口数の少ない夫は、家族と何を話していいのか分からなかったのかもしれない。

「家族そろって食事しても夫はほとんど喋らず、食べ終わるとすぐにテレビの前へ。テレビのチャンネルをガチャガチャ替える音にイライラしました。何より、夫の背中が家族を拒否しているようで。夫は仕事で精一杯で、家庭のことまで考える余裕がないんだ。分かってはいたけれど、そんな夫が情けないやら寂しいやら悲しいやら、複雑な気持ちになりましたね」

●定年後のうつ病

俊夫さんは六〇歳で定年退職。そのとき、光江さんは五七歳。長男と長女はすでに独立し、夫婦二人暮らしになっていた。

夫が退職して二～三カ月はよかった。仕事や会社から解放されて毎日が日曜日になった俊夫さんは、「これから好きなことをしよう」と胸を躍らせていたのだろう。本を読んだり、庭で植物を育てたり、囲碁教室に通ってみたり、自由が楽しい様子。若い頃にやっていたらしい釣りを再開したこともある。

だが、どれも長続きはしなかった。

しかも友達がおらず、近所との付き合いも皆無、外出する場所もない。気がつけば、俊夫さんは一日中ソファに寝転がってテレビをぼんやり眺める生活に。

「その日々のなかで、『これから趣味を探そう』という意欲も萎えてしまったみたい。意欲がないのは、家のことに対しても同じ。家事ひとつできないし、する気もない。ゴロゴロしているのに、お茶ひとついれようとしないんですよね。電話がなっても取ろうとはせず、ソファに座って『電話だぞ』と私に叫ぶ。

私よりも夫のほうが電話に近いのに」

そのうち、夫の様子が変わってきた。

「『これ』といった理由もないのに、沈み込んで一言も口を利かない。自分の部屋でボーッとしていることもある。そうかと思うと『お茶がぬるい』とか、些細なことに怒り出す。そのうち『眠れない』『頭痛がする』といい出して。何かおかしい、と思いましたね」

夫の身に何が起きているのか。夫の変化に戸惑い、不安になり、光江さんは嫌がる俊夫さんを引きずるようにして病院へ。

「老人性うつ病」と診断された。

初老期から老年期にかけ、うつ病の因子が増える人がいる。その原因のひとつが定年退職だ。

俊夫さんは、まさにこのケースだった。

大変であろうと何であろうと、俊夫さんにとって仕事は自分の看板であり、プライドと自信の源。その仕事を失い、代わりになるものが見つからない。

することがない毎日にウツウツし、「何もできない・見つけられない自分」

に自信を失い、そんななかで発症するうつ病。

家族のひとりがうつ病になったことで、他の家族まで精神的に追い詰められてうつ状態になるケースは少なくない。

「沈み込んだ夫を元気づけようと機嫌をとってみたり、些細なことで声を荒らげる夫に怒ってしまったり、『このまま夫が立ち直れなかったら』と心配したり、私まで気持ちが不安定になって。夫とずっと一緒にいるうち、私もうつ状態になってしまいました」

◉することのない毎日

うつ病は薬で徐々に回復していった。

だが、問題は定年退職から何年たっても俊夫さんが生きがいを見つけられなかったことだった。

女性は気持ちを外に発散することができるが、男性は内にこもりやすい。そのため「夫の定年退職後は大変」という妻の気持ちばかりがクローズアップされがちだが、つらいのは夫も同じだろう。

外出すればスーツ姿の男性ばかりが目につき、自分は社会から落ちこぼれた気がする。しかも妻はパートに出かけたり、趣味の会に参加したり、友達と会ったり、毎日が忙しそう。

パートから戻って台所に立つ妻に、一日中家に居ながら何もしないことに後ろめたさも感じる。なのに、男のプライドが邪魔をして自分から家事をするとはいいにくい……。

そんな生活が居たたまれなくなって趣味や仕事を見つけたり、夕食を作ってパートから帰ってくる妻を「おかえり」と迎えたり、多くの夫は自分なりに定年後の生活を見つけ、それに慣れてくる。


だが、俊夫さんは何ひとつ見つけられなかった。

覇気がなく、家のなかで朽ちていく夫の姿に、妻の心も萎えてくる。

「二人でどんよりと過ごす生活から抜け出したい。夫に、生きがいとなる何かを見つけて欲しい。そう思って『機械に強いあなたなら、きっと仕事があるわよ』とおだててシルバー人材センターに登録させたり、『町内会は年代層が高く、六〇代の若い人を探しているみたい。あなたが入ったら、みんなに喜ばれるよ』と自治会への参加を促したり、『今のままなら、またうつ病になるかも。体を動かしてみたら』と脅して一緒にスポーツジムへ行ってみたり、『一緒にやらない？』と私が通っていた合唱サークルへ誘ったり、思いつく限りのことをしました」

だけど、俊夫さんはその気にならない。「シルバー人材センターなんて、あんな安い金で働けるか」「今さら合唱なんて、人に見られたらどう思われるか」とアレコレ理由をつけて腰をあげない。

「一流と呼ばれる会社に勤めていた夫は、私が思っていた以上にプライドの高い人だったんですよね。会社時代のプライドなんて、退職したら何の役にも立たないのに」

プライドとコンプレックスはコインの表裏。プライドが高いために「人にどう思われるか」と人の目が気になって一歩を踏み出せない人は多い。そして何もすることがない・できない自分に自信を失ってコンプレックスが強くなる。コンプレックスが強いと、なおのこと他人の目が気になって「失敗したら」とますます前に進めなくなる。

俊夫さんも、そのひとりだった。

隣人もよりつかない

もともと俊夫さんは人との交流が得意ではない。「家に閉じこもった生活を続けるなかで、ますます人と関わったり、話したりするのが苦手になってしまったみたいです」と光江さんはいう。

例えば、隣人とのトラブル。

庭の木が伸び、枝葉が隣の家の窓にかかってしまった。光江さんは夫に「剪定して」と頼んだが、俊夫さんは何もしない。光江さんも夫のことで頭がいっぱいの日常の中で、枝を切るのを忘れてしまった。

そんなある日のこと。「お宅の木で部屋が日陰になり、葉を伝わって虫も入ってくるんです。剪定していただけませんか」とお隣さんがいってきた。隣人は怒っていたわけではなく、ただ「枝を切ってくれませんか」と頼みにきただけ。剪定は予定していたことだし、「切ります」といえばいいだけのこと。自分ができないのなら、業者を頼む方法もある。

「なのに、夫はお隣さんに文句をいわれたと思ったみたい。もともと、気の小さい人なのでしょうね。誰かに何かをいわれると神経を尖らせ、まるでハリネズミのように相手を拒否してしまう。『人の家のことで文句をいうとは』と口を尖らせる夫に、お隣さんも気分を害したらしく、嫌な顔をしていました。私が『すみません。すぐに枝を切ります』と謝り、業者に剪定を頼みました」

自分でバリケードを作って近所の人にさえ満足に応対できない夫。「そんな夫が情けなくて」と、光江さんは目を伏せる。

頼るは妻だけ

外界に心を閉ざせば、人間関係は妻だけになってしまう。

それも光江さんを苦しめた。

「もともと夫は、私の外出を嫌っていました。でも……。我慢していただけかもしれないけれど、定年直後は『オレの昼飯は?』と聞いても、私の外出に文句をいったりはしなかったんです。私も外出するときは、お握りやサンドイッチなど夫の昼食を作り置きしてから出かけていましたし。ところがお隣さんともめた頃から、夫は私を家に閉じ込めるようになりました」

夫婦が一緒にいても会話があるわけではない。妻が作った食事を二人でとると、夫は自分の部屋にこもる。妻は、夫のいない居間でテレビを観たりするだけ。

「それなのに夫はひとりになると不安になるようで、私を束縛しようとするようになりました。『出かけるから』と夫に声をかけると、『どこに行く? 何時に帰る?』とイライラした口調でいうようになりました」

出かけるたびに「何時に帰る?」。二〇年近くも続けてきた合唱のサークルに行こうとすると「いい年をして合唱なんて恥ずかしい。もうやめろ」。友達と会おうとすると「年金生活なのに、遊びに金を使うのか」と嫌味たっぷり。

そして、必ず「〇時までに帰ってこい」とくる。帰りが遅くなると「今まで何をしていたんだ」と怒鳴り散らす。

「夫に束縛され、監視をされているみたいでした。『友達に会いたい』『サークル活動を続けたい』ということもさることながら、それ以上に夫と離れる時間がなければ私がやっていけなくなると思いましたね」

夫のいうことを受け入れて、自分まで家に閉じこもったら、どうなってしまうのか？　考えるだけで憂鬱になった。

「それで『三度の食事作りも家事もするから、後は自由にさせてほしい。あなたも好きなことをしていいのよ。老後は長いのだから、お互いに自分の人生を楽しみましょう』と、夫に宣言したんです」

夫はムスッとした表情で何も答えなかった。

それでも、同じことをいい続ける光江さんに、俊夫さんは「オレのことが嫌いなんだろ」とひとこと呟いたそうだ。

「『嫌い』だなんていっていないのに……。夫は、本当に自信をなくしてしまったんですね。でも、あのときの彼はまるで捨てられた仔犬のような情けない顔をしていました」

夫に縛られる生活がつらい。ほんの少しでいいから、自由な時間が欲しい。どうして、その時間さえ持てないのか。そう思うと悲しいやら、腹立たしいやら。

「その反面、私だけが頼りで自分では何もできない夫が可哀そうになって……」

同時に思った。

病を抱えているわけではなく、好きなことをやるくらいの体力はある。贅沢《ぜいたく》はできないけれど、趣味を始めるくらいのお金の余裕もある。

「なのに、どうしてこの人は人生を楽しもうとしないのか。自分で楽しく生きようとしないのか。今の夫は、本当に生きているといえるのか。『どんよりとして覇気もなく、まるで死んでいるようなこの人が私の夫なのか』と思うと、そういう男の妻である自分が情けなくて、悲しくてたまらなくなりました」

この人と離れたい。でも、この人をひとりにはできない。相反する二つの思いを抱え、「自分でも、夫にどう対応したらいいのか分からなくなっていました」と、光江さんは振り返る。

●結婚は運命共同体になること

「妻と夫の定年塾」を主宰している作家の西田小夜子さんがつけた〝みのむし夫〟という言葉がある。定年退職後、これといった趣味も生きがいもなく、一日中家にこもって何もしない夫を指す。

俊夫さんは、まさにその〝みのむし夫〟になってしまった。それも妻を縛る〝みのむし夫〟に。

だからといって、光江さんが離婚を考えたことはない。

「別れたら経済的にやっていけませんよ。それに結婚して四〇数年の月日は長い。その日々のなかで何かができているのでしょうね」

〝何か〟とは、何ですか？

「うーん、私にもよく分からないけれど。夫婦愛とか絆とか、そういうものとはちょっと違うわね。だいたい、深い絆ができるほど会話を交わしていませんから。無口な夫とは会話が成り立たないし、夫と一緒に何かを楽しんだ記憶もない。夫婦で旅行した記憶も、一緒に映画を観て語り合った記憶もないのよ。私は、誕生日や結婚記念日に花一輪もらったことがないんです。何かの記念日に、おしゃれして食事したこともない。私が体調を崩したときも、夫は労りの言葉一つかけてくれなかった。その気持ちもなかったとはいわないけれど、私は『ありがとう』『大丈夫か?』という優しい言葉が欲しかったんです。でも、夫は何もいわなかった……」

振り返れば、寂しい結婚生活だった。

それは今も変わらない。

「だけど夫が一生懸命に働いてくれたから、私たち家族は食べてこられたわけだし、家も建てられました。そんな夫に感謝しています。それに半世紀近くも一緒にいると、やっぱり好き・嫌いとは別の〝情〟みたいなものが生まれてくるんじゃないかしら。『結婚は、同じ船に乗る運命共同体になること』の気持ちもありますね。今の生活はつらいけれど、だからといって別れるわけにはいかない。ここまできたら、夫と最後まで添い遂げるしかない。それが私の運命なんだから……みたいな」

夫に期待しなければラク

夫には感謝しているし、最後まで添い遂げようとは思っている。だが、長寿社会は老後が長い。最後まで、の最後は一〇年先か、一五年先か。一日中ゴロゴロして覇気のない夫。優しい言葉もない夫。しかもひとりでは生きていけず、妻に寄りかかる夫。

そんな夫とこれからの長い老後をどうやって過ごしていけばいいのか。悩んだ末に、光江さんが出した答えは「諦める」こと。

「夫に『生きがいを持ってほしい』『優しい言葉がほしい』なんて期待すれば、何もしない夫のことが嫌になるだけ。また『何かいい方法はないか』と考えても、本人にその気がないのだからしかたがない。そう思って『夫のことは諦めよう』と、決めたんです」

光江さんは夫に何もいわなくなった。

夫が自分の部屋で何をしているかも気にしないことにした。

その一方で、夫はますます体が弱ってきた。

それは年齢のせいだけではない。一日中、家にいて外出は近くのコンビニエンスストアに行くくらい。体を動かさないのだから、体力がなくなるのは当然だろう。足腰が弱くなり、するとますます外出しなくなって、なおのこと体が弱る悪循環に陥ってしまった。

「七〇代の中頃にはヨレヨレのおじいさんになってしまいました。そんな夫が嫌でしたよ。けれども『旅行しない?』『散歩しない?』と誘ったところで、『行く』なんて答えは返ってこないだろうし。私も、なしのつぶての夫に腹が立つから何もいわなくなりました」

夫婦は、食事以外はそれぞれ自分の部屋で日中を過ごすようになった。

俊夫さんはテレビをみたり、昼寝したり、以前に買った株の整理をしたりして一日をつぶしている様子。

一方、光江さんの息抜きは地域の仲間とともに歌う合唱だ。

「月二回の合唱サークルが私の息抜きです。お腹から声を出して歌っているときは、夫のことも何も忘れてしまいます。その時間に自分を解放しています。歌うとすっきりして『また、頑張ろう』と思えるんですよね（笑）。私にとっては大事な時間だから、これだけは、夫に何をいわれようとも続けるつもり。ただし、サークルの後に合唱仲間は場所を変えてお茶会をしていますが、私は家に帰ります。夫が『今か、今か』と私の帰りを待っていますから」

すべてが愚痴のタネ

そんなある日、夫が「金が入った」といってきた。

「彼は、若い頃から会社の持株会で少しずつ会社の株を買い足していました。退職後にも少し買ったみたいで。それが値上がりしていたんです」

その額、何と七百万円。「すごいじゃない！」と光江さんは喜んだ。

だが……。

「お金はあって困るものではないし、お金が入って怒る人はいないと思うでしょ。私も、そう思っていました。ところが夫は浮かない顔で、『オレの人生は何だったのか』と呟いたんです」

足腰が弱った今、お金があっても海外旅行に行けるわけではないし、行きたい気持ちもない。もともとおしゃれには興味がないし、七〇代も半ばになってブランドものの服やバッグを身につけたいとも思わない。歯が弱くなった今は、豪華な食事が楽しめるわけでもない。「コツコツと定年まで四〇年間を働き続け、何も楽しめない年齢になって大金が入ったところで何の喜びがあろう。こんなことなら、もっと若いときに人生を楽しめばよかった」と、俊夫さんは思ったらしい。

「だったら、なぜ今まで株を手放さずに取っておいたのか、といいたくなりませんか？　おそらく、主人は若い頃にお金が入っても何も楽しもうとはしなかった、とも思うんですよね」

今さら「オレの人生は」といわれても……。

結婚して半世紀、「初めて夫という人が分かった」とも光江さんはいう。

「彼は、物事を何でも悪いほうに考える人なんですよ。お金が手に入ったことさえも、その奥に不幸を見つけちゃう（笑）。物事を悪いほうにと考え、そして『オレの人生は』と愚痴ることが好きなんですよ。

私のいい方、冷たいですか？　でも、夫はそういう人としか考えられないんですよね」

同時に、夫を諦めることに踏ん切りがついた。

これまでも「夫には何も期待するまい」「夫のことは諦めた」と口ではいっていた。だけど、やっぱり心のどころかで「これをしたら夫が少し変わるかも」があった。これからの夫との生活を考えると、憂鬱《ゆううつ》になって涙ぐんでしまうこともあった。

「『もしかしたら』と淡い期待を抱いたり、涙ぐんだりするのは諦めがついていなかったから、だと思います。でも本当に諦めがつきました。だって『幸せになろう』とか『楽しく生きよう』とかの気持ちがなく、『オレの人生は』とネガティブに考えることが好きな人なんですもの。他人が何をいってもしょうがないでしょ。『もういいや。夫のことは諦めて、私は私の人生を生きればいい』と、心の底から思うようになりましたね」

夫のことは夫のこと。自分は自分の人生を生きればいい。

そんな光江さんは、はたから見ると夫に尽くす良い妻だ。三度の食事をきちんと作り、すべての家事をひとりでこなす。「はい、適当にやっています」と笑う。

そして月二回の合唱サークルを楽しみ、友達とのランチ会にも行く。夫は嫌な顔をするが「ごめんね。サークルに行くから」「あなたのお昼ご飯はテーブルの上に置いてあるわよ」と明るく返す。

「『夫は夫、私は私』と割り切ったら、夫に嫌な顔をされても、あまり気にならなくなりましたね」

●夫のありのままを受け入れる

現在、夫は八〇歳、妻は七七歳。

これから先のことは、分からない。

以前は「体を動かさない夫はいずれ介護が必要になるかも」「家でゴロゴロしていて認知症になったら」とアレコレ考えて不安になっていたし、そうならないように「あれしたら、これしたら」とうるさいぐらいにいっていた。

「けれど、いったところで何も変わらない。そう分かってからは、あんまり先のことは考えなくなったし、考えないようにしています。

ここまできたら夫に期待せず、何も望まず、たとえこれから先に何かあっても『これが私の運命』と受け入れて、私は自分の人生を楽しみながら夫との日々をこなしていけばいい。これが、悩んだ末にたどり着いた結論です」

もう夫には何も期待しないし、何もいわない。「『生きがいを見つけて』とか『動かないと体に悪いわよ』とかアレコレいい続けていた頃のほうが、夫のことを思っていたかも」と、光江さんは笑う。

その笑顔は意外なほど明るい。

「諦めの境地」といえば聞こえが悪いが、それは「ありのままの夫を受け入れた境地」でもある。

光江さんが夫を諦め、丸ごと受け入れられるようになったのは、「夫は夫、自分は自分」と夫と精神的な別居（自立）ができたからこそ。

それはひとつの「悟り」にも似ていた。


ありのままの相手を「こういう人」と受け入れれば、期待や望みでがんじがらめになっている時よりストレスはたまらないし、もめごとは減る。

妻のストレスが減れば、妻と一緒にいる夫のストレスも減るはずだ。

●「夫は夫、妻は妻」の覚悟

実際、光江さんが〝諦めた〟頃から、夫婦の関係が変わってきた。

「不思議ですね。『生きがいを見つけて』とか『これからどうするの』とか、私がアレコレいわなくなったら、かえって夫がちょっと変わったんです」

夫は今も家事を一切しないし、家でゴロゴロする生活は変わらない。夫婦の会話が少ないのも以前と同じ。

だけど、夫のことを放っておくようになったら、夫は自分の部屋は自分で片付けるようになった。煙草を買いに行く夫に「スーパーで○○を買ってきてくれない？」と頼むと、買ってきてくれるようにもなった。「スーパーでうまそうなものを見つけたから、買ってきた」といってくることもある。

「私が文句をいわなくなったことで、彼も私に歩み寄ってくれようとしているのかしら。それとも何もいわなくなった私に自分は見捨てられたと思い、『女房に出て行かれたら困る』と内心で危機感を募らせるようになったのかしら（笑）。

本音はわかりませんが、夫も私たちの関係を修復しようとしてくれていると思うようにしています」

そんな光江さんの何かを吹っ切ったような笑顔に、思う。

夫婦は特別に仲が良くなくても、同じ屋根の下に住み、「おはよう」といえば「おはよう」と返ってくる関係、互いが「何とか一緒にやっていきたい」と思う関係であれば、やっていける。

「こうあるべき」「こうありたい」の夫婦関係のハードルを下げ、「夫は夫、妻は妻」の覚悟があればやっていける。
それも夫婦のあり方のひとつであることは間違いない。

第4章　「優しさ」の呪縛から逃れて

●「ひとり」が怖い

「私、バツイチなんです。離婚と再婚をして、夫婦関係でいちばん大事なのはやっぱり相性だとわかりましたね」と、高橋奈緒子さん（五九歳）はいう。

相性とは「共に何かをするとき、自分にとってやりやすいかどうかの相手方の性質」（広辞苑より）。

簡単にいえば、性質や性格が合うかどうかということ。

と言うと「結婚は相性がいいからするもの」と思いがちだが、そんなことはない。

総務省の統計によると、離婚を申し出た人があげる離婚原因のいちばんは相手の暴力でも借金問題でもなく「性格の不一致」。つまり、相性が悪いのに結婚した人が少なくないわけだ。

奈緒子さんも、そのひとり。

奈緒子さんが元の夫である秋川雅俊さんと結婚したのは一九八四年。奈緒子さん二五歳、雅俊さん二七歳のときだ。

奈緒子さんは、関西出身。

東京の大学に入学すると同時に、学校近くのアパートでひとり暮らしを始める。ただし、そこは女子寮のようなもの。玄関がひとつの建物の中には六畳ほどのワンルームが並び、居住者は地方からきた女子学生ばかり。入居者の半分は友達で、互いの部屋を行ったり来たりしていた。

屈託のない奈緒子さんには友達が多かった。アパート内だけでなく、学校にもアルバイト先にも友達がいた。

「ひとり暮らしといっても名ばかりで、いつも誰かと一緒でした。家での食事も同じアパートの友達と一緒に作り、一緒に食べていましたね」

友達に囲まれた学生時代を経て就職。就職を機に、少し広い部屋に引越した。就職すると自分も友達も忙しくなり、学生時代の仲間とはおのずと疎遠になっていく。

「就職して初めてひとりになったんです」

ひとりでは生きられず、そばにいてくれる誰かを求める人がいる。奈緒子さんもそうだった。

「『ひとりが好き』という友達がいます。彼女は自分だけの食事を作って『あぁ、おいしい』と食べ、好きなことをするひとりの時間が『楽しい』と思うんですって。当時の私はそれができなかった。ひとりで食べる食事は味気なくて、ひとりの時間が落ち着かなくて、一緒にいてくれる人を求めてしまうんです。振り返れば、若かりし頃の私は本当に弱い人間でしたね」

優しい恋人であればいい？

寂しがり屋の奈緒子さんに寄り添ってくれたのが雅俊さんだ。

奈緒子さんと雅俊さんは、職場の同僚。

「彼は背が高くて端正な顔立ち。何より、優しい人でした」

雅俊さんは、とにかく優しかった。「あそこに行きたい」といえば、ドライブを兼ねて連れて行ってくれる。デートの内容もレストラン選びも奈緒子さんの思うまま。奈緒子さんが友達との飲み会で遅くなると、車で迎えにきてくれる。「スキーに行きたい」といえば、自分もスキー道具一式を買って一緒につき合ってくれる。

「彼は、私のことをとても大切にしてくれました。『愛している』ともいわれました」

愛のささやきが耳に心地よい。愛されている実感が嬉しい。

その一方、物足りなさも感じていた。

例えば、人から頼まれると「嫌」ということができない雅俊さんの気弱さ。

「ある日の夜、友達から電話がきて『○○に行かなくちゃいけなくなった。申し訳ないけれど、車で連れていってくれないか』と頼まれたらしいの。そのとき、雅俊さんは家でお酒を飲み始めていたんですって。なのに、友達の家まで車を走らせた。彼は人に頼まれると、はっきり断ることができないんです。そのくせ『飲酒運転なんて、もう絶対にしない。今度、飲んで運転しそうになったら、注意してくれ』ですって。そんなことを人に頼むなんて。自分で『飲んだら、運転しない』と決めればいいことでしょ」

人からの頼みを断ることができない人だからこそ、奈緒子さんの望みもすべて受け入れてくれたわけだが、「彼の人の良さというか、気の弱さに苛立ちを覚えました」と、彼女は振り返る。

仕事に対する考え方も違った。

奈緒子さんは仕事に前向きな人。就職当初こそ結婚までの腰掛け程度に考えていたが、働き始めると仕事が面白くなった。

「でも、彼にとって仕事は生活の糧でしかなかったんです。『仕事より愛や趣味が大事。人間は、温かな家庭があればそれでいいじゃないか。好きな趣味ができれば満足』みたいな。だから、人からいわれたことは損な役割でも嫌がらずにやるけれど、自分から『こうしたい』『こうしよう』と前向きに取り組むことは少ない。同じ職場でしたから、それはわかりました。そんな彼を心のどこかで不甲斐なく思っていたのも事実です」

それでも雅俊さんとの恋人関係はやめなかった。

恋人がほしい年頃でもあった。そして、自分の希望を何でも受け入れてくれる雅俊さんとの時間は心地よかった。何より、奈緒子さんは一緒にいてくれる人がほしかったのだ。

●ひとりになるのが心細い

付き合い続けて二年。半同棲状態になって一年が過ぎた頃、雅俊さんに結婚を申し込まれる。

「優しいし、一緒にいると安心するんです。でも私は彼を好きなのか、どうかが分からなくて。結婚には、すごく迷いました」

迷いながらも結婚を断ることができなかったのは、ひとりになるのが怖かったからだ。

「どうしてあんなに孤独を怖がったのか、自分でもよく分からないのですが」と前置きして、奈緒子さんは当時の自分を振り返る。

「『雅俊さんと私は、性格も生き方も合わないのではないか』とは薄々分かっていました。だけど、結婚を断って彼と別れることはできなかった。ひとりになるのが怖かったんです。結婚に踏み切れない、でもひとりになるのはいや。それに、私は迷ってはいたけれど『結婚したくない』という強い気持ちもなかったの。彼を嫌いではなかった。嫌いではないけれど、好きかどうかが分からなかった。『結婚したいのか、したくないのか。自分はいったいどうしたいのか』が分からなくなったんです」

女性にとって結婚が生きるための永久就職先から、愛し合ってするものになったのはいつ頃だろう。六〇代半ば以上の人は「結婚はするもの」、それ以下の人は「結婚は自分で決めるもの」という声が多い。

結婚が生活の糧であり「するもの、しなければならないもの」であれば、女性はさほど「この人でいいのか」などと悩まない。〝愛〟という曖昧なものが介在し、結婚が選べるものになったからこそ迷い、悩む。

●悪い人ではないが、ただそれだけ

奈緒子さんと雅俊さんの結婚には、反対する人もいなかった。

雅俊さんは「愛している、結婚しよう」と繰り返していってくれる。

友達から「私も、雅俊さんみたいな優しい人と結婚したい」といわれた。

二人の仲を知っている雅俊さんの両親は「早く結婚しなさい」とせっつく。奈緒子さんの母親も「彼は誠実でいい人」と結婚を勧める。唯一、落ち着かない娘の様子に、父親だけは「優しい人はいっぱいいるぞ。隣のおばさんだって優しいぞ」といった。

そんななか、上司にいわれた言葉を忘れることができない。上司は小声でいったそうだ。「秋川と結婚するのか？　あいつは悪い奴じゃない。でも、それだけだぞ」と。

「ドキンとしました。悪い人ではないけれど……は、私自身も薄々と思っていたことだから。だけど、破談にする勇気もなかったんです」

雅俊さんも奈緒子さんの〝心の揺れ〟には気がついていた。

「私をつなぎとめようとしてくれたのかもしれません。彼は、ますます優しくなりました。私は、ますます別れが決断できなくなりました」

付き合って三年の年月もある。周りに背中を押され、奈緒子さんは今さら「結婚に迷っている」とはいえなくなってしまう。

そうこうしているうちに、結納となった。

そして、二人は結婚する。

新しい仕事との出会い

結婚して一年もたたないうちに、二人の関係はぎくしゃくし始めた。

「多分、私が変わってしまったんです」と、奈緒子さんはいう。

結婚してすぐ、奈緒子さんは転職した。

「前の会社では夫婦がともに働いている人がおらず、職場結婚したら女性が辞めるのが慣例でした。それで、私も結婚直前に退職して。でも仕事はしたくて、違う会社に再就職したんです」

奈緒子さんには、新しい会社が水に適《あ》った。

以前は人の輪を大切にする、のんびりした雰囲気の会社。

再就職した会社は違った。活気があった。

「私は営業職に就き、大変だったけれど面白くて。取引先と商談したり、それが売上げに結びついたり、周りの人が認めてくれるのも嬉しかった。会社の人と仕事について話をするのも楽しかったです。でも、家に帰ると夫はお笑いテレビをみていたりするわけ」

残業して家に帰り、テレビをみて笑っている夫を横目に夕食の支度をする。雅俊さんが「家事は妻がするもの」と思っていたわけではない。彼女が、彼の家事を嫌がったのだ。

「私は家庭的な夫より、精力的に仕事をする人を求めていたんです」

夫婦といえども他人だ。他人に「こういう人であってほしい」と、自分の価値観を押し付けるのは間違っている。

それは雅俊さんも同じだ。

ある日、奈緒子さんは会社の飲み会で帰りが遅くなった。自宅に戻ったのは一二時近く。家の前でタクシーを下りたら、夫が外に立っていた。

「帰りの遅い私を心配して家の前で待っていてくれたんです。定年退職した夫が『○時までに帰ってこい』とか、妻を縛る話があるでしょ。それとは違う。雅俊さんは、本当に私を心配してくれていたんですよ。『心配だから、早く帰ってきてくれ』といったときの彼の顔が、そう語っていました。それは彼の優しさだと分かってはいたのですが、『この人はいつから、ここで待っていたのか』と考えた瞬間、『鬱陶《うっとう》しいな』と思っちゃったんです」

奈緒子さんが体調を崩したこともあった。雅俊さんは「仕事のストレス」と思ったのだろう。彼は寝ている妻に「仕事をやめて、ずっとオレのそばにいればいい」といったそうだ。

「優しいの、本当に優しいの。分かっているのだけれど……。彼の優しさにザワッとした居心地の悪さを感じてしまうようになったんです」

妻を庇護したい夫。自分の足で歩きたい妻。

それでも雅俊さんに、本当に妻を庇護する力があれば、話は違ったかもしれない。

雅俊さんは人を受け入れる優しさはあったが、トラブルに立ち向かう強さはなかった。

だが、人生は些細なことから大きなことまでトラブルの連続だ。それは結婚生活でも同じ。片方がトラブルに対処する力がなければ、片方がするしかない。

「何かあると、私が対処するようになりましたね」と奈緒子さんは振り返る。

例えば……。ある日、ポストに「公団住宅への入居申し込みの案内」と書かれた一枚のハガキがあった。

「今、考えるとバカみたいだけど、公的機関からの案内だと思っちゃったんですよ。そして『資料だけでももらおうか』と、彼が資料請求をしてしまったんです」

後日、業者が電話をかけてきて「申込み手数料を支払え」と迫られる。

「電話に出た夫は、最初こそ『資料請求をしただけで申し込んでいません』といっていました。ところが電話口で業者に凄まれたようで。いきなり『オレ、こういうのは苦手だから』と私に受話器を差し出したんです。私がきっぱり断りました」

奈緒子さんの剣幕に圧されたのか、業者からは二度と電話がこなかった。

この一件が奈緒子さんの心に影を落とす。

雅俊さんは争いごとが苦手で、もめごとになりそうなことには首を突っ込まないほうがよいと考えるタイプ。奈緒子さんは、もめごとにはきちんと向き合いたいと思うタイプ。

「悪質業者との対応には私のほうが向いているでしょうね。そうだとしても、業者にすごまれて妻に受話器を渡す夫というのも……」

●頑張る人をけなす夫

生き方の違いも大きくなっていく。

夫は、何かを成し遂げたいという気持ちが薄かった。仕事で上を目指したいという気持ちも少ない。贅沢したいとか、「○○がほしい」とか、欲求も少ない。

「彼はすべてに欲が少ないんです。逆に、私は貪欲なんでしょうね。もっとバリバリ働きたい。人から認められたい。海外旅行もしてみたい。そんなふうに思っちゃうんです」

お金がないときには「節約しよう」と考えるのが雅俊さん。「稼ごう」と思うのが奈緒子さんだ。

現代は、ほどほどで満足することが「よし」とされる時代だ。欲を募らせるのは肉食系などと揶揄される時代。だけど、欲は前を向くエネルギーになる。欲があるからこそ、頑張ることができる。

ひと言でいえば、奈緒子さんは雅俊さんよりエネルギーが強かったのだろう。しかも、ほどほどの今に満足する雅俊さんより、向上心の強い奈緒子さんのほうが収入も多かった。雅俊さんがいう「今のままでいい」、という「今」の生活に、奈緒子さんの生活力が大きく貢献したのも事実だった。

雅俊さんは「女房のほうが給料は高く、オレは頭が上がらないんだ」と人にいったことがある。「そういっていたよ」と教えてくれた女性は、ちょっと嘲るような目をした。奈緒子さんは、「あなたの夫は情けないわね」と暗にいわれたような気もした。

「それより『嫌だな』と思ったのは、彼が他人をけなすこと。『自分の時間を捧げてアクセク働いたり、上司におべっかを使ったりする奴はみっともない。そんなことして偉くなったところで、人としてはどうかと思うね』なんて話を聞くたび、何だか気持ちがザワザワして。自分の時間を大切に、ゆっくり生きたいと思うのはいい。それが彼の生き方だから。だからといって、頑張っている人をけなすのはどうか……」

雅俊さんの「ほどほどでいい」は、頑張ろうとしない自分への言い訳ではないのか。奈緒子さんは、そう思うようにもなっていた。

●夫といるときの自分が嫌

夫への不満が積み重なる。価値観の違いが黒いシミとなって胸の中に広がっていく。だが、奈緒子さんが最も嫌だったのは夫ではない。

夫と一緒にいるときの自分だ。

行動的であったり、物静かであったり、慎重であったり、無鉄砲であったり、人間には〝基本的な性質〟というものがある。

ただし、それは絶対的なものではない。例えば無口な人も、自分の話に根気よく耳を傾けてくれる相手には饒舌《じょうぜつ》になったりもする。普段は穏やかな人が、ある人に対してだけは辛辣《しんらつ》になってしまう場合もある。

人間は他人によって自分が変わる。

夫婦も同じだ。

「私は自分のことを良い人だとは思わないけれど、そんなに悪い人とも思っていなかったんです。でも、彼といるとダメなんです。彼が不甲斐なく見えてイライラし、どんどんきつくなってしまうんです」

例えば、ある日曜日のこと。残業が続いていた奈緒子さんは寝過ごしてしまう。九時近くに起きたら、夫はカップラーメンをすすっていた。

「朝からカップラーメンはどうだろう」とは思うけれど、それでも「ラーメンを食べたんだ」で終わる話だ。

「なのに、どうしてあんなにイライラしてしまったのか。『腹が減ってさ。朝ごはんが食べたかったけれど、起こしちゃ悪いと思って』といったときの彼の上目使いの目にイラついてしまいました。私はイライラし、彼は何もいえない。そんな彼にまたイラつき、イライラする自分を嫌悪する。その繰り返しでした」

奈緒子さんは高校生のとき見た光景を思い出して語ってくれた。

ある日、友達と一緒にスーパーへ。店にはベビーカーを支えている夫と、肉を選んでいる妻がいた。二人とも二〇代に見えた。

「理由はわかりませんが、奥さんがイラついて夫らしき人に『だから、違うでしょ』と怒鳴っていたんです。人の目を気にしていたらしい若いダンナさんは、困ったような恥ずかしいような顔をして薄ら笑いを浮かべていましたね」

ベビーカーのなかの赤ちゃんをあやしている男性は優しい人に見えた。対して女性は、ずいぶんきつい人に見えた。「優しい夫と、夫を怒鳴りちらす妻の構図は、恋愛や結婚に憧れていた高校生である私にとって衝撃的ですらありました」と、奈緒子さんは振り返る。

それは友達も同じだったのだろう。店を出たとき、友達は「ああいう奥さんにはなりたくないよね」といったそうだ。

「でも今、思うんです。あの奥さんは本来、眉間にしわを寄せてイライラするような人ではなかったんじゃないか。ただ、夫と一緒にいるとイライラしてしまうのではないか。いつか私もあの奥さんのようになる、と思ったわね。それは恐怖に近かったです」

いっそ別れたい

このまま一緒にいたら、自分たちはどんな夫婦になってしまうのか。自分はどんな人間になってしまうのか。別れたほうがいいんじゃないか。別れたい……。いつしか、そう思うようになった、と奈緒子さんはいう。

しかし、すぐに「別れよう」と決めたわけではない。

「イライラする私に嫌気がさしたとしても、彼が離婚をいい出すことはないと分かっていました。だって、夫は面倒やトラブルは避けたい人だから。何より、優しすぎて人を傷つけることができない人だから」

離婚は、自分からいい出すしかない。

だが、相手をどれほど傷つけるか、親はどれほど悲しむか。会社にもいわなければならない。引越しもしなければならない。離婚して自分はやっていけるのか。あれこれ考えると、怖くなる。

別れたい、でも……。悩んで迷って数カ月。

奈緒子さんが「別れよう」と心の底から思ったのは、些細だけど決定的な自分への嫌悪からだった。

「ある日、いつもは帰りの早い夫が遅くなったんです。『事故にでもあったんじゃないか』と思った瞬間、ふと『彼が交通事故にでもあって未亡人になったら』と考えた自分がいたんです。離婚のゴタゴタも離婚の負い目もなく、彼と離れられる。ひどいでしょ。相手の死を望むなんて、私はなんという人間なんだろう、と愕然としました。あのとき、本当に別れたほうがいい、と思ったんですよね」

夫に苛立つ妻たち

優しさが求められている時代だ。若い女性が相手に求める結婚条件の筆頭は

「優しさ」というアンケート調査もある。

もちろん、人間に優しさは大事だ。だが、これが分かりにくい。周囲や相手を気遣う優しさは、自分を主張できない弱さかもしれない。穏やかさは、ことを荒立てたくないずるさかもしれない。

結婚生活は長い。最初は優しさに惹かれても、それが弱さや覇気のなさに見えてしまうこともある。

それは奈緒子さんだけではない。

「優しいけれど、人に気を使ってばかりの夫にイライラしてしまう」といった妻がいる。

もちろん、不満を抱えながらも結婚生活を継続している人もたくさんいる。

里美さん（六二歳）もそうだ。

夫は女遊びをするわけでも、ギャンブルに狂うわけでも、酒を飲んで暴れるわけでもない。夫に会ったことはないが、里美さんの話から「真面目で優しい人だろう」と想像する。だが里美さんは「夫は判で押したように定時に帰ってくる人。休日は家でゴロゴロし、外出は近所の公園を散歩するくらい。それも私が『ゴロゴロしていないで、ちょっと外出しない？』と誘ってようやく腰をあげる。夫は、まるでご隠居さんみたい」という。

そういう夫が好きな人もいる。仕事より家庭を大事にする夫に満足している人も多い。

ただ、彼女は違った。そんな夫に不甲斐なさを感じてしまう。「休日に夫が本を読んでいるでしょ。背中を丸めて読んでいる姿が貧乏ったらしくて、嫌なのよ」といい捨てたこともある。

里美さんは、気が強くてわがままな女性ではない。むしろ清楚で柔らかな口調の人。ただ、夫といるとイライラしてしまうのだ。

イライラする毎日はつらい。

里美さんも「この生活から抜け出したい」と考えたことはあった。だけど「子どもが大学に入学するまでは」「就職が決まるまでは。就職するときに片親だと不利だから」と離婚はしなかった。

自分で選んだ結婚生活の継続。

そして今、彼女はいう。

「還暦になって離婚なんてできない。私は、こうやって不満ばかりで一生を終えるのかもしれない。私の人生は失敗だったのかもしれない……」

離婚の原因が見当たらない

奈緒子さんが最も恐れていたのは、里美さんのようになることだった。

だが、どうやって夫と別れたらいいのかが分からない。

「離婚の原因がないんです。彼が浮気したわけでも、ギャンブルに走ったわけでもない。借金を作るわけでも、酒におぼれるわけでもない。暴力をふるったりすることもない。それどころか、声を荒らげることもない。優しくて、よい人なんですよ。ただ、性格も価値観も合わないというだけ……」

しかも、そう思っているのは奈緒子さんだけ。夫に「私たち、性格が合わないよね」といったことがあるが、「みんな性格は違う。それで当たり前だろ」と返された。

「『私は、あなたといるとわがままになってしまう』といったこともあるんです。彼は『オレに甘えているんだよ』と。そうかもしれない。私は夫に甘えているのかもしれないと思いました。でも、甘えてどんどんきつい人間になっていく自分が嫌なわけで……」

母親に「性格が合わない。離婚したい」と相談したこともある。母は「三年も付き合って性格が合わないなんて。雅俊さんのどこに問題があるのか、いいなさい」と激怒した。

別れたい。でもどうやって……。

そんなとき、ある男性と出会う。それが、スプリングボードになった。奈緒子さんは、夫に切り出した。「好きな人ができた。別れて欲しい」と。そして、家を出た。

互いの両親も巻き込み、大騒ぎとなった。奈緒子さんの両親には、奈緒子さん自身が「離婚」を告げた。両親、とくに母親は激怒した。

夫の両親には、雅俊さんが相談したらしい。

「親にすごく責められたりしてパニック状態になり、当時のことはあんまりよく覚えていないのですが……。とにかく別れ話を切り出してすぐ、私は家を出てアパートを借りたの。夫がいないときに引越しをしました。でも、まだ荷物が残っていて、それを取りに元のマンションに戻ったら、テーブルの上に彼の父親からの手紙があったんです。盗み読んだら『別れろ。元のさやに納まっても元には戻れない』と書いてありました」

「好きな人ができた」と切り出して二カ月、二人は正式に離婚した。そのとき奈緒子さんは二八歳、雅俊さんは三〇歳。わずか二年半の結婚生活だった。

自分を見直す

奈緒子さんはひとりになった。

だが、元気になったわけではない。それどころか、離婚後に精神が不安定になってしまう。

〝男を作って離婚した女〟である奈緒子さんには「後ろめたさがあった」。それが彼女を萎縮させていた。

その彼とは疎遠になった。所詮《しょせん》は、離婚のスプリングボードだったのだ。親にも連絡できなかった。親からも連絡はなかった。

離婚のゴタゴタで、それまでの仕事も辞めてしまった。

生活のために「何でもいい」と就いた仕事は、職場で一日をつぶすのが大変なほど暇な会社。

早い時間に帰宅し、ひとりでアパートに閉じこもる日々。

「寂しかったです。でも、それ以上に罪悪感にとらわれていました。人間ってそういうものなのかなぁ。薄暗い部屋にひとりでいると『私はこれからどうなるのだろう』と不安になり、元の夫の優しさばかりを思い出してしまうんです。あんなにいい人を傷つけちゃった。こんな私は、もう幸せにはなれないかも……。そんなことばかり、考えてしまうんです」

悪いことは重なるもので、再就職した会社が倒産した。「溺れる者は藁をもつかむ、だったのよ」と奈緒子さんはいう。

「いや、溺れる者は藁をつかみやすいということか。人は冷静であるからこそ、正しい判断ができる。『とりあえず何でもいい』と思ってきちんと考えなかったから、経営不振で倒産しかかっている会社に就職しちゃったんですよ」

仕事がない、お金がない、頼る人がいない。自業自得といえば、それまでだ。

「でも、あのときの私は偉かったと自分でも思います。ないない尽くしでも、夫の優しさばかり考えても、夫とよりを戻したいとは思わなかった。戻れるわけもないし、たとえ戻ったとしてもまた同じことになるだけだから。離婚原因になった彼は心配してくれたけれど、頼ろうとは思わなかった。頼りたかったけれど、頼っちゃいけないと思ったんですよね」

振り返れば、ひとりになるのが怖くて、誰かと一緒にいたくて、雅俊さんと結婚してしまった。「寂しいから、不安だから」と誰かに頼るのでは同じことを繰り返すだけ。

「それだけは絶対にしたくない、と思っていましたね」

その後、奈緒子さんは別の会社に就職した。

今度の会社は忙しかった。

仕事は家計だけでなく、心の支えにもなる。どんなにウツウツしていても、時間がくれば会社には行かなければならない。出社すれば目の前の仕事に追われ、グチグチと悩んではいられない。

働くことで少しずつ、彼女は元気を取り戻した。時の流れも心を軽くしていった。

離婚して二年近く、あの日の朝のことが忘れられない。

「アパートの玄関を開けたら、雨が降っていたんです。傘をさして歩いている人が見えました。その瞬間、『あぁ、雨は私の上だけに降っているわけじゃないんだ。生きるってそういうことなのよ』と思ったんですよね」

ひとりの寂しさや罪悪感や将来への不安が消えたわけではない。ただ「まぁ、しょうがない」と思うようになったのだ。

「雅俊さんには本当に悪いことをしたと思っています。でも、一緒にいたらもっと大変なことになったでしょう。勝手な話だけど、そう思うようになったんです」

ちなみに、雅俊さんは離婚から数年後に再婚した。奈緒子さんは四〇代のある日、「あいつは子どももできてうまくやっている」と、二人を知る知人から教えられた。「よかった、と思いました」と、彼女は笑う。

ちゃんとひとりになってみる

「ひとりになりたくない」と思い続けてきた。孤独が怖くて、ひとりにならないように生きてきた。そんな奈緒子さんは「ひとりになって、分かったことがあるんです」という。

「考えてみたら、私はちゃんとひとりになったことがなかったんですよ。なったことがないのに、ただ恐れていました。でも実際にひとりになってみたら、大変なことでも何でもない。私はこうやってひとりでご飯を食べて働いて生きていけるんだ……と、思ったんです。それは、私に人生にとって、とても大きなことでした」

離婚して二年半が過ぎた頃、奈緒子さんは現在の夫である高橋茂男さんと仕事を通して出会う。

「本当の恋は、自立した大人でなければできませんね。だって『寂しい』と『恋しい』の気持ちはよく似ているから。寂しいからこの人と一緒にいたい、恋しいからこの人と一緒にいたい。この二つの気持ちは、自分でもどちらなのかが分からなくなるほど、よく似ていると思うんです」

「ひとりになるのが怖いから、この人と一緒にいたい」は恋ではない。それは寂しさから逃れたいだけだ。

ひとりの寂しさを受け入れ、ひとりになることを恐れなければ「今の気持ちが寂しさから相手を求めているのか、その人自身を求めているのかが分かる」と奈緒子さんはいう。

「私は彼が好きです。寂しいからではなく、彼が好きだから一緒にいたいんだ、と分かりました。だから、彼との結婚には迷いがなかったんです」

●夫婦は別の人間だ

今、二人の結婚生活は二八年になった。

夫は仕事に熱心な人。トラブルは自分で考え、対処していく。その強さに惹かれる。

だからといって、不満がないわけではない。多分、夫にも不満はあるだろう。実際、長い結婚生活のなかでもめごとはたくさんあった。夫が浮気したこともあった。「浮気云々《うんぬん》は、雅俊さんだったら考えられないことでしたね。もちろん、喧嘩《けんか》になりましたよ。ただ、私はあんまり気にしないタイプというか」と笑う。

奈緒子さんが仕事で忙しく、関係がギスギスしたこともあった。些細《ささい》なことで喧嘩になり、口を利かない日もあった。夫が転職したこともある。

「人生も結婚生活も山あり谷あり。笑ったり、怒ったり、イライラしたり、不安になったり、その繰り返しではないでしょうか。だけど、根っこの部分で『この人なら大丈夫』があれば何とかなると思うんです」

何かがあったときに「この人なら大丈夫」と思えるかどうか。それが相性ではないか。奈緒子さんは、そう思っている。

「私、ようやく気がついたんです。人への気遣いという点から見れば、前の夫のほうがずっと優しい。でも、私は彼に『この人は大丈夫だろう』と思うことができなかった。『この人は、何かあったら逃げるのではないか』と思っていたんです。

本当のところは分かりませんよ。ただ私が、彼の力を信じることができなかった。彼の強さが信じられず、先回りして物事を対処してしまった。そんな私と一緒にいることで彼は弱い人間になってしまったともいえる。そういう組み合わせだったんだと思います」

奈緒子さんは「今の夫といるときの自分が嫌いじゃない」ともいう。

「長所も短所も丸ごと好き」は恋愛状態だろう。だが、長丁場の結婚生活は恋愛感情だけでは持たない。

「『好きだな』と思うところもあれば、『嫌だ』と思うところもあるわけで。つまり、相手を好きかどうかは時として変わるし、曖昧なのよ。だけど、自分のことを嫌いかどうかは分かります。私は彼といるとき、そんなに悪い人にはならないんですよね。何かあっても、あんまりイライラしないの。『まぁ、何とかなるわね』と気持ちを大きく保てる。自分が嫌な人間にならなくてすむ相手であることは、夫婦関係においてすごく大事だと思います」

何かあっても「まぁ、何とかなるでしょ」とおおらかでいられる妻。きっと夫も楽だろう。

人生経験を経て奈緒子さんは強くなった。

「ひとりが怖いと、相手に寄りかかりたくなるでしょ。寄りかかると、自分の望むように相手を変えたくなる。『もっと優しくして』とか『もっと強くなって』とか思って、変わらない相手にイライラしてしまう。自分とは違う人を変えようとしても無理なのに。でも、自分が自立すると『私と彼は別の人間』と思えるんですよね」

自分と夫は別の人間と認識し、「夫は何かあっても大丈夫だろう」と信じ、互いに相手の人生は相手に任せる。

「すると、多少のことは気にならなくなりますね」と笑う。そのさわやかな笑顔が羨《うらや》ましい。

第5章　理想的「卒婚」のかたち

●恋心だけで結婚生活は持たない

誰でも、人生の〝分かれ目〟というものがある。結婚も、そのひとつ。結婚する相手によって、自分の人生は大きく変わってくるのだから。

ところが結婚が当たり前の時代には〝結婚すること〟自体が目的となり、「相手がどんな人でどんな結婚生活になるか」まで考えた人は少なかった。

だからといって、よく知らない相手と見合い結婚した人が不幸になるわけではない。前章の妻たちのように紆余曲折のなかで少しずつ夫と理解し合い、互いに自立し、自分の人生を生きながら相手に寄り添う〝よき夫婦関係〟を築いた人はたくさんいる。

その一方、心が通じないまま、どんよりした夫婦生活のなかで「私の人生、こんなはずでは」と結婚を後悔している人も少なくない。

しかし逆に、〝惚れた、腫れた〟で結婚すれば、幸せな夫婦関係になれるわけでもない。

和田好子さん（八七歳）は「恋愛感情だけで結婚生活は持たない」という。

「恋愛は向こう見ずなものだし、その気持ちはいずれ醒《さ》める。『愛がすべて』で長丁場の結婚生活がうまくいくのか、恋愛が終わったあともやっていけるのか、私は難しいと思うの。それに、愛しすぎるのもよくないですよ。例えば中国の『浮生六記《ふせいろっき》』という小説には『夫婦たるものはいがみあって喧嘩しているのはいけないけれど、情にあつすぎるのも困る』とあります。『恩愛の夫婦は終わりがよくない』ということわざもある。愛が強すぎると相手に寛容になってしまい、自分を犠牲にして尽くしてしまいがち。それも問題だと思いますね」

理解し合えない夫婦関係はつらく、恋愛感情だけでは長丁場の結婚生活はやっていけない。

では、夫婦がより良い関係であり続けるためにはどうしたらいいのか？

「私は良き友、〝良友〟であることだと思います」

●旧憲法下の結婚意識

良き友であること――。

そういう好子さんは、良友としての夫婦関係を築きあげた人だ。

好子さんが和田直久さん（八五歳）と結婚したのは一九五八年。好子さん二九歳、直久さん二七歳のとき。

二人の出会いは、結婚の八年前にさかのぼる。

当時、二一歳の好子さんは速記者として活躍していた。その一方、一〇代の頃から人形劇団に入り、脚本を担当。劇団では小学校などで人形劇を行っていたが、プロの童話作家が書く話は子どもたちにちっとも受けず、好子さんの脚本のほうを面白がった。

劇団を主宰していた出版社の編集長に「君は脚本のセンスがある。本格的に勉強してみたら」と勧められ、俳優座の戯曲研究会へ。そこで大学生だった直久さんと出会う。一九歳の直久さんもまた、脚本の勉強をしていた人。「結局、彼は一本の脚本も書かなかったけれど」と、好子さんは笑う。

同じ「脚本を書きたい」夢を持つ仲間として知り合った二人。ただし、すぐさま恋愛関係に発展したわけではない。

「出会ってから結婚するまでの間、彼も私も二人ぐらいの別の人と付き合っていましたね」

いろいろあるうち、お互いに独身のまま月日は流れる。

そもそも、好子さんは「二五歳までは結婚するものか、と思っていた」と笑う。

その原因は、彼女が受けた教育にある。

好子さんの母校である神奈川高等女学校は、当時としては珍しい自由主義の学校。

夫に尽くす良き妻であり、賢い母である良妻賢母こそが女性の理想像とされた時代、校長先生は「女性も男性と同じく教育を受け、知的にものを考えられる人であれ」と生徒に教え込んだ人。それは初代文部大臣で後に暗殺された森有礼の、西欧知識階層の夫婦関係をモデルにした「女性も教育を受けなければならない」という考えを体現した教育ともいえた。

「校長先生は天皇陛下が大好きながら、西洋文化にかぶれていた人（笑）。一言でいえば明治のインテリです。彼は『女性も職業を持て』とおっしゃっていましたね。常々『自分でものを判断できる人になりなさい』ともいわれました」

また、校長の娘でアメリカの大学を出た家事（現在の家庭科）の先生は、「日本の主婦はよくない」と公言していたそうだ。「一日に二回も掃除し、足袋とか下につけるものと襦袢など上に着るものを分けて洗濯する。どうでもいいことに時間を費やし、本の一冊も読まないからダメなのよ」と。

この話に、好子さんは驚いた。当時は「そういう女性がよし」とされていたのだから。

もう一つ、彼女に影響を与えた校長先生の言葉がある。「女は二五歳、男は三〇歳になったら、親の承認がなくても結婚できる」というものだ。

明治二二（一八八九）年に公布され、現在の日本国憲法ができる昭和二二（一九四七）年まで存続した大日本帝国憲法（旧憲法）では、結婚は親の承認がなければできなかった。ただし、女性が二五歳・男性が三〇歳になると話は別。

「親の監督は不要な大人」とみなされ、親の承認がなくても結婚できた。当時はほとんどの女性が二五歳までに結婚したので、それを知っている人は少なかったが……。

「校長先生からその話を聞き、『二五歳まで独身でいて、好きな人と結婚するぞ』と思いましたね（笑）」

だが、結婚が女性の生きる術《すべ》で「結婚はするもの、しなければならないもの」であり、「二五歳を過ぎた女は婚期を逃した」といわれた時代、周りの女性はどんどん結婚していく。

それでも好子さんが焦らなかったのは仕事があったから。彼女は「速記者」だった。

テープレコーダーのない当時、音声記録の方法は速記だけ。速記者は引く手あまたの専門職だった。

「速記で食べていけましたから、結婚はあまり焦らなかったですね」

本を読む家庭への憧れ

二人が出会ってから八年。「この人と結婚したい」と思ったのは好子さんのほうが先だった。

それは直久さんが年下だったことが大きい。

速記者として、さまざまな人の話を聞いた。あるときのこと。速記が終わってから、編集者たちとの雑談に、彼らが出征中に見聞した話がでた。「日本の兵士が支那人（中国人に対する蔑視の言葉）の首を切ったのを見物した」「戦地で強姦した奴も多い」などなど。その話が怖かった。そんな話を笑いながらしている人たちも気味が悪かった。

戦争に行った人間は、戦地で何をしてきたか分からない。国家の命令によって戦争に行かされたので、その人の罪ではないかもしれないが、自分の夫がそんなことをした人間だなんて、やっぱり嫌だ。結婚相手に「首を切った」なんて話をするはずはない。黙っていられたら、分からないのだからなお怖い。自分は「戦争に行っていない人」と結婚しよう、彼女はそう決意する。

一九二九年生まれの好子さんより年上の男性はほとんど出征している。おのずと「結婚相手は年下の人」となった。

もちろん、直久さんと結婚を決めたのは、彼が戦地に行っていないことだけではない。

好子さんの父は繊維業者。「商売ばかりで、両親ともに本を読む習慣はなかった」と振り返る。

「本をよく読む人だったんです」

一方、従兄弟の家にはたくさんの本があった。

「従兄弟のお母さんは教育ママで、少年少女文学全集などを揃えていました。ところが従兄弟はちっとも読まない。従兄弟の家に遊びに行くたびに、私が読んでいました」

直久さんの母も教育ママだった。例えば体育。「男の子はいずれ出征する」と思われていた戦時中は体力が大事とされており、公立学校の入学試験には懸垂があった。ところが直久さんは運動が苦手。

当時、地質調査の仕事をしていた直久さんの父は徴用で戦地へ。母は子どもたちを連れて東京調布市にある亡き祖父母の家に疎開していた。その頃の調布は、まだ農村地帯。それだけに疎開した家は土地が広く、大きな庭があった。

「お義母さんは庭に鉄棒を作り、体操の家庭教師を雇って息子に懸垂の練習をさせたんですって。それでもダメで彼は公立の学校は落ち、私立中学に入ったわけです」

そんな教育熱心な母は、たくさんの本を持つ蔵書家でもあった。体育は苦手だった直久さんは、家にある文学書には夢中になった。

「彼とは、子どもの頃に読んでいた本が一致していました。あの本・この本のことで話が合った。それに二人とも芝居が好きだったから、芝居の話もよくしました。しかも本をたくさん読んでいる彼は、俳優座の戯曲研究会で侃々《かんかん》諤々《がくがく》の議論になっても勝つんですよ。それもいいと思いましたね」

しかし最終的に「直久さんと結婚したい」と思ったのは、直久さんの家に遊びに行き、彼の母親と会ってから。

明治生まれの直久さんの母は大学を出てフランス語ができた人。

「彼の家には本がたくさんあり、お母さんとは文学の話などをしました。それが楽しくて、家族で文学や芸術について語り合う〝インテリの生活〟に憧れました」

何より、好子さんには絶対に譲れない結婚の条件があった。それは「女が本を読んでも、物を書いても嫌がらない人」。

今なら考えられないが、当時女性の読書を嫌った男性は少なくない。妻が里帰りしている間に、妻の本をすべて捨ててしまった夫もいる。「〇〇家の嫁は女のくせに新聞を読む」と隣近所に陰口を叩かれた人もいる。

女が本を読んで理屈をいいだしたら困る。知識をつけて生意気になるのが嫌。そんな時代だからこそ結婚の第一条件に「妻の読書を認める人」を挙げていた好子さん。

自分も母親も本好きで、家族で本について語り合う家で育った直久さんが妻の読書に文句をつけるはずもない。

結婚するなら、この人がいい。だが直久さんは「結婚」を口にしない。女の口からそれをいうのは……と躊躇する。でも、やっぱり彼がいい。

話が合う、趣味が合う。そう思っていたのは直久さんも同じだったらしい。一大決心し、「私と結婚しませんか」と問うた好子さんに、直久さんは間髪を入れずに「よろしくお願いします」と答えた。

何事も本から入る夫

八年の付き合いを経て結婚。今、好子さんはいう。

「私は人間的に好きで、ずっと友達でいられそうな人と結婚しようと思いました。恋愛感情はいつか醒めるけれど、人間的に尊敬できる人はいつまでも好きでいられると思ったから」

そして、直久さんのことをよく知っている——と思っていた。だが「いくらなんでもここまでとは」と驚いたこともある。

〝書痴〟という言葉がある。書痴とは、本ばかり読んで世の中に疎い人のこと。

「彼は現実を知らないわけではないけれど、書痴の部分がありましたね（笑）。

何でも本から入る人なんです」

ペンキを塗るときはペンキや刷毛より、まず「ペンキの塗り方」の本を買ってくる。

それは結婚生活も同じ。

例えば新婚旅行のとき。夫は汽車のなかで「あっ、忘れた」とポロリ。妻が「何を忘れたの？」と聞いても口をにごして答えなかった。

後から分かったのだが、直久さんが忘れたのはオランダの婦人科医が書いた『完全なる結婚』という本。ひとことでいえば性生活の手引書だ。「セックスは結婚してから」の時代、異性との付き合いはあっても性関係はないのが普通。それは直久さんも好子さんも同じだった。

直久さんは、事始めの手引書として『完全なる結婚』を新婚旅行に持参したかったのだ。何事も本から入る直久さんの性格を物語る話である。

また、結婚三年目に長女が生まれ、「これから子育て」というときも、彼はまず育児書を探したらしい。自分が読み、そして好子さんに渡したのがアメリカの精神科医が書いた精神分析からの育児書。二冊目は日本の伝統的な子育て法を記した『子やらい』。好子さんはもう一冊、自身が買った『初めての赤ちゃん』も読んだ。

「三冊を読み比べ、あまりの違いに『そうか、どうやっても子どもは育つんだ』と分かりました（笑）」

長女は夜泣きがひどかった。「眠れないと、夫は会社に行けなくなる」と、好子さんは夫と別の部屋で長女と一緒に眠るように。といっても泣き続ける娘を抱えてほとんど眠ることができない。

そんな妻に、夫の直久さんが手渡したのはアメリカのミステリー小説。

それは赤ちゃんが夜泣きをするところから始まる。夜泣きはとまらず、アパートの隣近所の人から「うるさい」と苦情が続いた。困った母親は泣き声がもれないようにバスルームにこもり、一晩中、立ったまま赤ちゃんをあやし続ける。その浴室の窓から、殺人を目撃してしまう……というもの。つまり、夜泣きは殺人事件を目撃するきっかけに過ぎず、主題は殺人の犯人探し。

うーん、この本はちょっと違うのではないか。好子さんに本のあらすじを聞き、私はそう思った。「夜泣きとは関係ないでしょ」「ミステリーなど読んでいる場合ではない」と怒る妻も多いのではないか。

ところが、好子さんは違った。

「アメリカの赤ちゃんも夜泣きをするんだ。しかも近所中が文句をいいに来るなんて。『夜泣きで苦しんでいるのは私だけじゃない』と慰められたし、『私は一戸建てに住んで、ご近所さんに文句をいわれないだけ、よかったなぁ』とホッとしました（笑）」

なるほど、そういう考え方もある。

それ以上に思う。睡眠不足のなかで夫が差し出した夜泣きとは直接関係ないミステリー小説を読み切り、「ホッとした」と笑う好子さんは何とエネルギーのある人か。

そんな好子さんを、仕事仲間である田中喜美子さんは「和田さんは、普段はいいたいこと・いわなければならないことはバリバリいう人なの」と評する。

例えば、一緒に活動した「全国ＰＴＡ問題研究会（全Ｐ研）」での会議のとき。いつも些細なことで難癖をつけ、会議をかきまわす男性がいた。ところがある日、会議の最中、好子さんが彼を妙に挑発したそうだ。あとで田中さんがそのことをなじると、好子さんは「実は彼を怒らせて私を殴らせてやろう、そうすれば除名できる、と思ったのよね」と笑ったという。「和田さんってともかく徹底して行動的な人。なのにダンナにはとにかく寛大なのよ。ほとんどの人は外の人間に愛想がよく、夫にはカリカリしがちですよね。和田さんは反対。それは、すごく正しいことだと思います」と田中さんはいう。

夫の赴任先での孤独

好子さんと田中さんは旧知の間柄。

田中さんは女性の投稿雑誌『わいふ』の編集長、好子さんは副編集長として約三十年間、共に働いた。

田中さんを『わいふ』に引っ張り込んだのは好子さんだ。

好子さんが『わいふ』に出会ったのは大阪時代。

娘が二歳になったとき、直久さんの転勤で大阪へ。

その二年後、息子も生まれた。

大阪に移住する少し前、好子さんの脚本がある雑誌に掲載された。「これから脚本家として出発」という大事なときの転勤話。大阪には出版社が少なく、それはキャリアの芽を摘むことにもなる。「だけど、転勤だからしょうがない、と思いました」と振り返る。

だが、大阪での生活は予想以上につらかった。

当時、大阪には出版社だけでなく、速記の仕事もなかった。たとえ仕事があったとしても子どもを預ける保育園がないので働くことができない。

幼い子どもと一日中いる社宅は六畳と四畳半の二階建てアパート。同じアパートに住む人が火災保険をかけようとしたら、「このアパートではちょっと」と保険会社に断られたというしろもの。

しかも東京で生まれ育った好子さんには知り合いも親戚もいない。友だちを作るにも本音を語りたがらない大阪人気質には馴染めなかった。

幼子と狭いアパートに閉じこめられる日々。

頼みの夫は仕事が忙しく、朝食こそは家族で一緒にとったが、帰宅は深夜で話す時間もない。

その夫が生死の境をさまよったこともある。直久さんが大阪に転勤になって二年後、大阪に「千里ニュータウン」の団地ができた。そこへの転居が決まり、夫婦で喜んだ直後だった。

直久さんが交通事故に遭って一週間もの間、意識不明に。幸い一命を取りとめ、後遺症もなかったが「あのときはどうしようかと思いました」と好子さんは振り返る。

そんなこんなの大阪生活は八年。

「あの頃が人生でいちばんつらかったです。つらくて子どもを抱いて川に飛び込もうか!?　と思ったこともありましたね」

そんなとき、雑誌『暮しの手帖』に『わいふ』の紹介記事を見つける。主婦のあり方、家族問題、主婦の再就職など、時代の実生活を反映した女性のための会員制投稿誌『わいふ』は、一九六三年に兵庫県宝塚市の団地でガリ版刷りのミニコミ誌として誕生したもの。

好子さんはその会員となり、〝社会について考え、書くこと〟を再開した。

こうして社会との接点が生まれ、『わいふ』は好子さんにとって中心的な活動の場になった。

直久さんの転勤で、和田さん一家が東京に戻ったのは一九七一年。

その後、さまざまな事情で『わいふ』の廃刊話が持ち上がったとき、好子さんは東京で『わいふ』を引き継ぐことを決める。

そして子どもの学校のＰＴＡで一緒に活動していた田中さんを誘い、一九七六年に「グループわいふ」を設立し、投稿雑誌『わいふ』一三八号を発行。それから三〇年にわたって発刊を続け、いわゆる「同人雑誌」から、「食える隔月刊投稿雑誌」に育て上げた（二〇〇六年、三一七号から『わいふ』は『Ｗｉｆｅ』として新しい編集長の手によって継続されている）。

夫婦一緒に二地域居住

妻が「わいふ」の編集者として活動を始めたことに、夫の直久さんは何もいわなかった。むしろ、妻の仕事を応援した。

それは、東京に戻ってからの生活スタイルからも分かる。

和田さん一家は東京に戻って社宅生活を数年した後、東京都八王子市にマイホームを建てる。

直久さんの趣味は園芸で、子どもの頃から庭仕事が大好き。

戦時中、疎開先の調布では野菜から麦まで作った。インフレに給料が追いつかず、日本中が貧乏だった戦後、直久さんは野菜を作るだけでなく、鶏を数十羽飼って卵を近所に売りさばいた。母は「夫の給料より、直久の稼ぎのほうがよっぽどいい」といったほどだ。

園芸好きは結婚後も変わらない。

大阪にいた頃、ピンクの花が愛らしい〝ハナタバコ（宿根煙草）〟の種を海外で購入し、団地で育てたこともあった。煙草の販売が日本専売公社で行われていた時代、ハナタバコの栽培は違法だった。海外では普通に育てられていたために直久さんはそれを知らず、挿し木を近所の人にお裾分け。近所中にハナタバコの花が咲き、それを目にした警察に「違法」と厳重注意を受けたこともある。

八王子の家は敷地の半分が庭。そこは夫の趣味の場となり、さまざまな花を育て、珍しい種や苗を植えた。

「彼は園芸好きを通り越して、園芸マニアなの。私も彼の興味に近づきたくて、園芸の本を読んだりしているうち、園芸について詳しくなりました」

相手に近づこうとするのは、夫の直久さんも同じだ。

「夫も私が興味を持っていることを知ろう、私のやることを理解しよう、としてくれました。もちろん『わいふ』のことも」

好子さんは週五日、都心の「わいふ」編集部に出勤していた。しかし八王子の家からは通勤が大変。そこで「わいふ」の近くにアパートを借りたのは夫婦が五〇代後半になってから。「家賃は自分が出すから、アパートを借りたい」と夫に相談した好子さんに、直久さんは「仕事をやめろ」とはいわなかった。むしろ「自分も出勤しやすいから」とアパートを借りることを賛成してくれた。

夫婦ともに平日はアパートで暮らし、週末や休日は八王子の家で過ごす生活を一〇年。

六五歳で定年退職した直久さんは、その後も会社で継続勤務となり、仕事を辞めたのは六七歳のとき。六九歳の好子さんも「わいふ」への出勤が少なくなっていたため、アパートを引き払って生活拠点を八王子の家に戻す。

自分の時間ができた夫はなおのこと庭仕事に没頭した。

好子さんは八王子に移った後も週二〜三回の割で「わいふ」に通い続ける。妻がいない日、夫は自分で昼食を作って食べた。妻が遅くなる日は二人分の夕食も作った。

「よく定年夫の昼食のあり方が問題になるけれど、わが家では夫が自然に料理をするようになりました。夫の退職後も問題は何ひとつなかったわね。むしろ、彼が退職してから二人で語り合う時間が増えてよかったです」

一致した教育観

わが子の教育についても夫婦は話し合った。

本好きの両親から生まれた二人の子どもは、不思議なことにまったく本を読まない。本の読み聞かせをしようとしても、ちっとも興味を示さない。直久さん夫婦が子どもたちに「より良い大学を目指して受験教育を」と思わなかったのは、娘も息子も本を読まなかったから。

「夫と『無理だな』と諦めました（笑）。ただ知識は少なくても、常識がなければどうにもなりません。夫も『子どもがへんな人間になったら大変だ』と心配していました。当時は『自分さえよければ』『勉強さえできれば』という風潮が強く、これもダメだと思った。私たちは子どもに受験教育ではなく、〝よい教育〟を受けさせたかったんです」

そんなある日、テレビで放映された授業風景を見て「この学校はいい」と、夫が見つけてきたのは小学校から大学まである私立の「和光学園」。

早速、夫婦で授業を見学に出かける。歴史の授業で、教師は当時の新聞など日露戦争の資料を使って「こういう反対論があった、こういう賛成論があった」と賛否両論を教えていた。

「授業を見たとき、夫と『ここはいい』と話し合いました。私たちは近代史をやること、当時の資料を使って歴史を教えることが重要だと思っていましたから。世の中のことをきちんと知ることが大事だと、いつも二人で話していたんです」

二人は娘と息子を「和光学園」に入れた。娘は学生時代に台湾へ留学。そのとき、同じく留学していた韓国人に戦時中の日本の話をされたそうだ。

「近代史をきちんと学んでいない周りの日本人学生は韓国人学生の話にキョトンとしているばかり。そのなかで、日本のしたことを彼に謝ったのは娘ひとりだった。『それだけでも、あの学校に入れてよかった』と夫婦で喜び合いました」

●老後は老人ホームがいい

読んでいる本も価値観も同じ。相手の趣味や仕事を認め合い、絶えず二人で語り合う。もちろん、意見が合わないこともある。

「でも夫婦喧嘩は一度もありません。よく話し合うから、喧嘩するほどの矛盾が生じないの」

そんな二人は、自分たちの老後のあり方についても話し合った。

ことの発端は好子さんの腰痛だ。七一歳のある日、起きようとすると「ぎゃー」と叫ぶほどの腰痛。立つことも歩くこともままならず、タクシーで近くの整形外科病院へ。仕事を続けながら治療とリハビリを続け、痛みが消えるまで三年かかった。

その数年後には耳の病気で手術を受け、右耳が聞こえなくなった。夫の直久さんも六〇代のときに胃がんを患い、胃の五分の四を切除している。しかも八王子の家は駅や買い物場所まで遠く、駅からは坂道を上らなくてはならない。高台にある家の前には、二〇段の階段もあった。

年齢とともに体はどんどん衰えていく。家事ができなくなったり、介護が必要になったりしたとき、この家で暮らしていけるのか。

そのうえ築三〇年の家は古く、大修理が必要な時期でもあった。

「基礎を直したり、耐震の備えをしたりするには、かなりの費用が必要でした。大金をかけて家を直しても、何年元気で住み続けられるか。そう思いましたね」

妻は老後の住処として老人ホームへの入居を考えるようになった。

実は、好子さんは老人ホーム選びにはかなり詳しい。「グループわいふ」で老人ホームのガイドブックを何冊も出版し、老人ホームの広告雑誌の編集も手掛けていたからだ。たくさんのホームを取材し、「老人ホームの生活は高齢者にとって快適で安心である」ことも知っていた。

ただし、八王子の家には直久さんの生きがいになっていた庭がある。

ダリア、ツバキ、シクラメン、蘭、スイートピー、フジ、スイフヨウ、フジバカマ、ツツジ……。山桜が見え、ホトトギスがやってくる庭には四季折々の花が咲き誇っていた。スパニッシュビューティ、アルバータインなどバラの種類も多い。

「バラは百輪以上ありました。家に来たお客さんに『一輪ほしい』といわれたとき、バラを大事にしていた夫は本当に一輪しかあげなかったの。あんまりだと思って、私が数輪を追加したけれど。夫は渋々でしたね（笑）」

花だけではない。キッチンガーデンには春菊、からし菜、芽キャベツ、カブ、キュウリ、ピーマン、トマト、とうがらし……。ハーブも多い。庭にはブルーベリーや梅の木もあり、毎年、梅干しと梅酒などを作った。

家を売却するということは、夫が丹精込めて育て上げた庭を手放すということ。「彼がどれほどつらいだろうか」と、妻はホームへの入居を迷う。

一方、夫も妻の腰痛を機に老人ホームへの入居を考えていたらしい。老人ホームを口にした妻に「互いに体が衰え、いずれやっていけなくなるときが来る。そのとき、今のままではどうにもならない。ホームに入ろう」といった。

こうして夫婦は「どんなホームがいいか」を話し合い、一緒に方々のホームを見学する。二〇〇五年、好子さん七五歳、直久さんは七三歳になっていた。

入居金や管理費など費用のこと、夫が楽しめる畑があること、妻が「わいふ」の編集室に通いやすい場所であることを考慮し、入居を決めたのはＡケアハウス。居室が狭いため、二部屋を借りて一部屋は居間、一部屋は寝室として使うことにした。

二部屋を合わせても居室の広さは一軒家の半分にも満たない。そのときのことを好子さんは振り返る。

「一軒家の住まいには山のように荷物があり、その処分が大変でした。『減らそう』ではなく『捨てよう』と思わなければ処分できなかったです。子どものものは子どもに引き取ってもらい、使わないものはリサイクルに出したり、もらってくれる人に譲ったり、業者に引き取ってもらったりしました」

●三軒のホームを転々と

Aケアハウスに二部屋の空きがでるまで、一年ほどのアパート生活を経て二〇〇六年に入所。

ところが昼間しか見学をしなかったので気がつかなかったのだが、夜は駅に向かうバス停からケアハウスまでの道が暗い。途中に長い歩道橋もあった。またイベントが多く、合唱や踊りなどさまざまな行事に駆り出される。ハウスの園長は「みんなを楽しませよう」と考えていたのだろうが、それを苦痛に思う人もいる。和田さん夫婦がそうだった。

長寿社会は老後が長い。「歩道橋の上り下りが大変になったら、外出しにくくなる」「このハウスで本当に老後を楽しめるのか」と考えるようになった。入居から三年後、自分たちに合うホームを求めて移り住んだのがＢケアハウスだ。「ケアハウスは前家賃としての入居金が必要なところと不要なところがあり、必要なところも退所するときは残金を戻してくれるので移りやすい」と好子さん。

夫婦ともに、入所者の自由を尊重するＢケアハウスを気に入った。ただし、食事に難があった。

入所して二年が過ぎた頃、夫は「食事がのどを通らない」とこぼすようになる。結婚したとき、直久さんは友達に「これで一生、うまいものが食えるな」といわれたほど、好子さんは料理上手。妻の料理に慣れていた夫は、同じメニューが繰り返される単調な食事が我慢できなかったのかもしれない。

食事以外は何の問題もないが、胃がんで胃のほとんどを切除している直久さんは量を食べられず、それだけに食事の質は体力に直結する。

「どうしたらいいか」と解決法を模索していたとき、好子さんは取材で千葉県にある高齢者用分譲マンションに出会う。

高齢者用分譲マンションとは、居室は買い取りで所有権が持て、さまざまな生活サービスが付いた高齢者用のマンションのこと。

分譲代金は同程度のマンションに比べて安い。

その理由を、好子さんはこう推測する。

「部屋の持ち主が亡くなると、マンションの所有権は子どもか甥・姪などの相続人に移ります。居住者がいなくても管理費はかかるため、多少価格が低くても早く売りたいと考える相続人が多いのではないかしら」

かくして、二〇一一年、直久さん七九歳・好子さん八一歳のときに高齢者用分譲マンションの一ＬＤＫの居室に移った。

それにしても……。六年の間に四回の引越し。大変だったのでは？

「そうでもないのよ。最初の引越しは荷物の片付けが本当に大変でした。でも一回、物を減らせば、後は思ったほど大変ではなかったです」

老人ホームは卒婚におすすめ

〝卒婚〟という言葉がある。文字通り、結婚生活を卒業すること。子どもの独立や定年退職などを機に、離婚はせずに夫婦がそれぞれ自分の人生を楽しむライフスタイルを指す。

その一つの形として田舎と都会の別居生活を選ぶ人がいる。実際、定年退職後に憧れの田舎暮らしを始めた男性がいた。田舎を嫌った妻は、そのまま都会の家に残った。

ところが一〇年後、夫は病気になってしまう。病院が少なく、足の便が悪い田舎では満足のいく治療が受けられない。彼は別荘を手放し、家に戻った。好き勝手に田舎暮らしを楽しみ、「病気になった」と帰ってきた夫。妻の困惑は分からなくもない。今さらの同居生活に、夫婦の間には隙間風が吹いているらしい。

「田舎暮らしは危ないですよ。それができるのは七〇代までで、いずれ続けられなくなります。それに夫婦が長い間、別居生活をするのも……ねぇ」と、好子さんは呟く。

そこで卒婚の場として好子さんが勧めるのは老人ホームだ。

「卒婚は『どこへ行くのも何をするのも夫婦一緒』ではなく、年をとったら夫婦別々に好きなことをしよう、ということですよね。すると、老人ホームほど卒婚に向いているところはありません！」

高齢になるほど家事が億劫になる。老人ホームなら食堂で三食が食べられ、別料金だが居室の掃除もしてくれるので「家事が負担」「夫の昼食作りが大変」なんてことにはならない。妻が友達と海外旅行をしても、夫はちっとも困らない。

「ホームだと家事も相手の食事のことも気にせず、それぞれが自分の好きなことを自由に楽しめます。体が不自由になったり、認知症を発症したり、介護が必要になったときもホームなら安心です」

「介護が必要になったら、家族の世話になる」と考えている人は多い。だが長寿社会は介護生活も長くなりがち。八〇代の夫を介護している八〇代の妻もその反対も、九〇代の親を介護している七〇代の子どももいる。長い介護生活で心身ともに疲れ切った人の「いつまで介護が続くのか」という声にならない声は、現代の家族介護の限界を示している。

その点、ホームなら他人の手が借りやすい。

介護が必要になったとき、「介護付き老人ホーム」ならスタッフ、それ以外のホームでも併設する介護保険事業者か外部事業者を利用して介護を受けられる。もちろん、自宅でも介護保険サービスは受けられるが「その手続きなどもホームがやってくれるので家にいるよりラクですよ」と好子さん。実際、認知症の夫の世話はスタッフ、妻は自分の好きなことをしている夫婦もいる。

「卒婚してそれぞれが自分の老後を楽しむために、家事から解放されるために、介護が必要になったときのために――。将来のことを考えたら、老人ホームを視野に入れたほうがいいですよ」

書き手として数多くの老人ホームを取材してきた好子さんはいう。

「老人ホームは具合が悪くなってから入るところと思っている人が多い。実際、特別養護老人ホームや老人保健施設などは要介護の状態でなければ入所はできません。民間経営の介護専用型ホームもそうです。でも、健康なときから入ることができる施設もたくさんあります。それは公的福祉施設のケアハウス、民間の有料老人ホームや高齢者マンションなど。ケアハウスは収入に応じての管理費なので入居しやすいですよ。民間施設の入居金は原則として概ね一〇年分の家賃だから、六〇代で入って二〇年住めばかなりお得（笑）。私は入るなら六〇代がいいと思うの。遅くても七〇代のうちに。八〇代になると入居の決断も、ホーム選びや引越しも大変になります」

和田さん夫婦は夫が七四歳、好子さんが七六歳のときに最初のケアハウスに入り、高齢者用分譲マンションに落ち着いたのは夫が七九歳、妻が八一歳のとき。

「年齢的には限界だと思いましたね」

●良友関係こそ夫婦には必要

老人ホームでの卒婚のすすめ。

和田さん夫婦はそこで実際に心地よい卒婚生活を送った。

園芸マニアの直久さんは高齢者用分譲マンションの近くに畑を借りてさまざまな野菜を作っている。高校・大学・会社時代の付き合いが多く、しょっちゅう飲み会などに参加している。

妻の好子さんは、今も時折「グループわいふ」に出勤し、それ以外にも外出が多い。

駅から徒歩五分のマンションなので外出がしやすい。外出・外泊は自由で門限もない。

自炊もできるが、希望すれば食堂で三食を食べられるので、どちらが外出しても相手の食事の心配はなし。居室以外はスタッフが掃除してくれるので、一軒家のときのような玄関前の掃除は不要。ガラス拭きなど居室の掃除を頼むこともある。

部屋にはインターホン、浴室やトイレには緊急コールボタン、生活動作が一定以上ないとスタッフが見に来てくれるチェックセンサーも装備されており、ひとりの時に何かあっても安心。

しかもホームには常勤の看護師がおり、近くにさまざまな病院がある。夫の直久さんが血液の病気になったときは、近くの病院から専門医を紹介され、最新の治療が受けられた。

また二四時間態勢で管理人が常駐しているし、一軒家と違ってセキュリティがしっかりしている。

「泥棒の心配もなく、フロントの目があるので押し売りや詐欺師はまず入ってきません」

安心の暮らしのなかで、互いに好きなことをしている和田さん夫婦。

「一緒にいるときは楽しい」と、好子さんは笑う。

二人は夕食前の晩酌が日課。夫が育てた野菜を居室の台所でササッと料理し、それを肴に杯を傾けながら語り合う。食堂での夕食後も夫婦の会話は続く。

話題は本のことであったり、社会のことであったり、映画のことであったり。直久さんが読み、「面白いよ」と妻に勧める本がある。妻が読み、夫に勧める本もある。二人でよく映画も観る。そして、それについて語り合う。

「ホームは思った以上に快適だし、安心だし、楽でした。それにホームに入って家事に時間をとられることがなくなり、ますます夫と話し合う時間が増えました」

結婚して五六年。はたから見てもうらやましいほどの仲の良さ。

もちろんそれは、老人ホームに入ったことだけが原因ではない。

たしかにホームに入居すれば家事の手間が減り、それぞれ自由に生きやすい。だが何十年もの間にすれ違った夫婦仲が改善されるわけではなく、互いにそっぽを向いている夫婦もいる。「一緒の部屋は嫌」とホームの別々の部屋に入居する夫婦もいる。

そんななか、自分の時間と同じくらい相手との時間を大切にしている和田さん夫婦。

それは二人が結婚する前からの「良友」であり、その関係を年月のなかで熟成させてきたからだろう。

「〝良友〟とは価値観が同じで、互いを理解しようとする関係。良友って大事よ。その関係こそが夫婦には必要だと思います」

良友関係がありさえすれば、共に年を重ねていくのは楽しいことだ。「ずっと話をし続けてきたから、今は話をしなくても夫の気持ちがわかる」という好子さんの笑顔が、直久さんの「俺は運がいい。自分は全然努力しないで結婚したのにうまくいっている」の言葉が、微笑みをさそう。

相手のことをよく知り、人間として信頼できる人とする〝結婚〟。価値観も趣味も合い、互いに相手を理解しようとする〝良友関係〟。年齢とともに億劫になる家事や体力の衰え、介護などへの不安を補ってくれる〝老人ホームでの老後生活〟。

老後の理想形のひとつが、ここにあった。

アンケート編——あなたは結婚生活に満足？

●二〇一五年アンケート

結婚生活は、人生と同じく山あり谷あり。いろいろあるなかで、すれ違ってしまう夫婦の何と多いことか。

いったい、〝偕老同穴《かいろうどうけつ》〟（夫婦が仲良く共に老いるまで連れ添うこと）を実現するためには何が重要なのか？

そこで二〇一五年、私たちは主婦の投稿誌『わいふ』の会員に、「結婚」についてのアンケートを実施した。総回答者は一一九名。結婚の動機、結婚生活の現実、夫に満足している点・不満な点などもたずねてみた。

回答者のそれぞれの声はアンケートに記したが、そこから見えてきたのは結婚生活には、不満が募る時期が二回あるということ。

一度目は新婚と呼ばれる時期が過ぎ、結婚生活が日常になる三〇代頃。夫婦ともに「夫（妻）にこうしてほしい。こういう結婚生活がしたい」という夢と期待が外れ、相手に不満が募ってくる時期である。

しかしそのうち、生活に慣れて「まぁこんなものだろう」と互いを受け入れる日々がやってくる。何より、夫も妻も仕事や子どものことで忙しくなり、夫婦が顔を突き合わせる時間が短いだけに、相手への不満やこだわりも減ってくる。

さて、不満が募る二度目は六〇代。夫が定年退職した頃。夫が家にいるようになり、すれ違っていた夫婦が向き合わなければならなくなる。そこで夫婦ともに初めて気がつく。夫（妻）との生き方や考え方の違いに。

そう聞くと「老後の平穏な夫婦関係は得られないのか」と不安になる方もおられるのでは？　ご心配なく！　アンケートからは、年齢を重ねれば夫婦関係は落ち着いてくることも分かっている。実際、七〇代・八〇代になって「私の結婚は失敗だった」という人はあまりいない。

〝諦め〟という部分もあるだろう。四〇年以上も結婚生活を続け、それを否定するのは自分の人生を否定すること。それより今を受け入れたい、という気持ちもあるだろう。さらにアンケートは、長きにわたる結婚生活のなかで「相手への満足・不満」を超えた〝情〟のような何か、が生まれることを教えてくれる。

何よりの理由は年月とともに「満足・不満」のハードルが下がり、小さな不満には「お互い様」と目をつぶり、相手を受け入れるようになるということ。おそらく、ここに結婚生活の長保ちの秘訣があるのではないだろうか。

さて私たち「グループわいふ」は、これと同じアンケートを約三〇年前の一九八七年にも行っている。総回答者は一二四名。当時は会員年齢が現在よりも若く、また四〇代以上の方を年代別に分けていないため、単純に比較検討はできないが、結婚に関する時代の変化は見てとれる。

一つは晩婚化。二〇一五年のアンケートでは二〇代で結婚した人は全体の六八%、一九八七年では八七%。高齢の回答者ほど結婚年齢が若く、時代とともに適齢期がどんどん遅くなっていることが如実に示されている。

家事に対する夫婦の意識も時代とともに変わっている。一九八七年のアンケート時点では「家事は妻がやるもの」という意識が当たり前で、家事をしない夫に不満をもらす声もほとんどない。ところが二〇一五年では「夫が家事をしてくれない」ことを不満にあげている人が多く、また「夫が家事を分担してくれる」ことが結婚生活の満足度を押し上げているのが分かる。この結果から、夫の家事分担がより良い夫婦関係の秘訣の一つといえるだろう。

何よりはっきり分かったことは、性に対する考え方の変化である。三〇年前のアンケートでは「セックス＝結婚」と考えていた人が多かったのに対し、「婚前の性」はいまや男女ともにまったくフリー。そしてそれが夫婦関係にほとんど影響を与えていないことがアンケートから読み取れる。

では婚外の性は？　それは今回の調査からは未だ分からないが、フリーの方向に行くことだけは確かといえそうである。

このアンケートには、二〇世紀末の結婚の現実とともに、結婚及び性に関する考え方の時代的変化が如実に現れている。

よりよい結婚生活へのヒントとして活用していただければ幸いである。

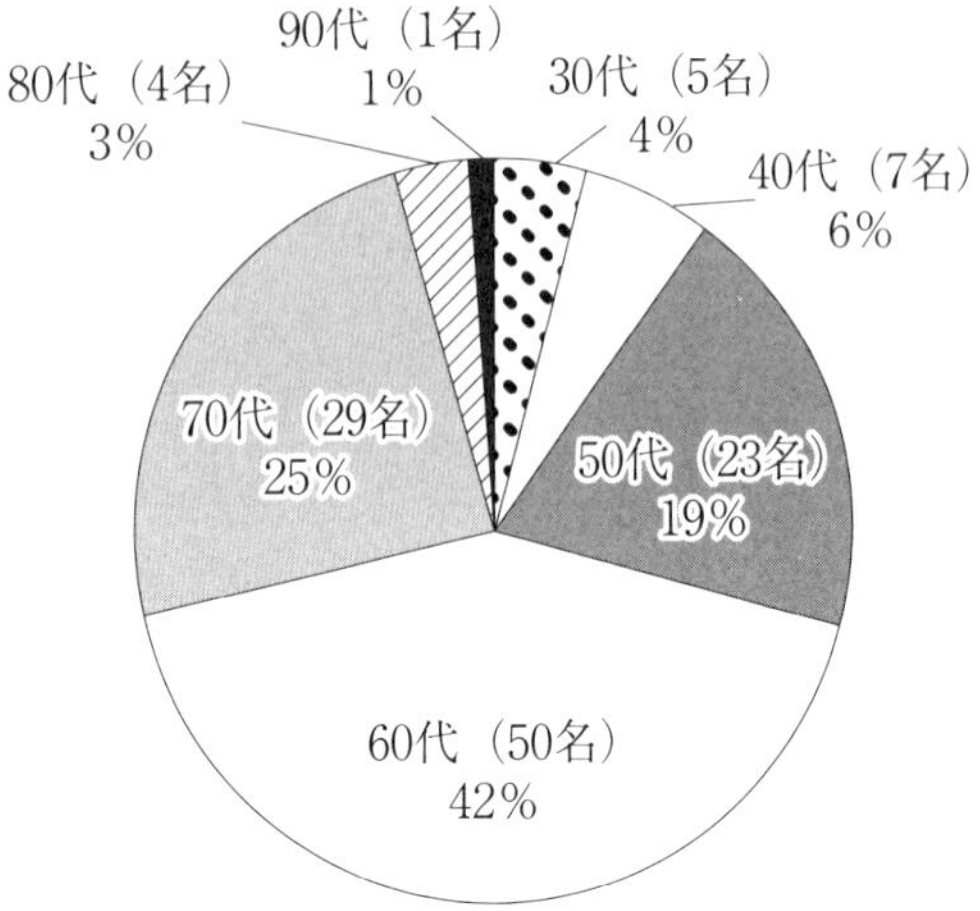

図1　回答者の年代

回答者の年代と結婚年齢

二〇代で結婚した人が全体の六八％、三〇代で結婚した人が一八％。アンケートを個別にみていくと、六〇代以上は二五歳以下で結婚している人が多い（図1・図2・図3）。昭和二〇年代頃までは当たり前に語られていた「女性は二五歳を過ぎると婚期を逃す」という風潮が如実に示されている。逆に、五〇代以下になると二〇代後半以降での結婚が増える。

二八年前に行った一九八七年のアンケート（回答者数一二四名）では二〇代で結婚した人が全体の八七％を占め

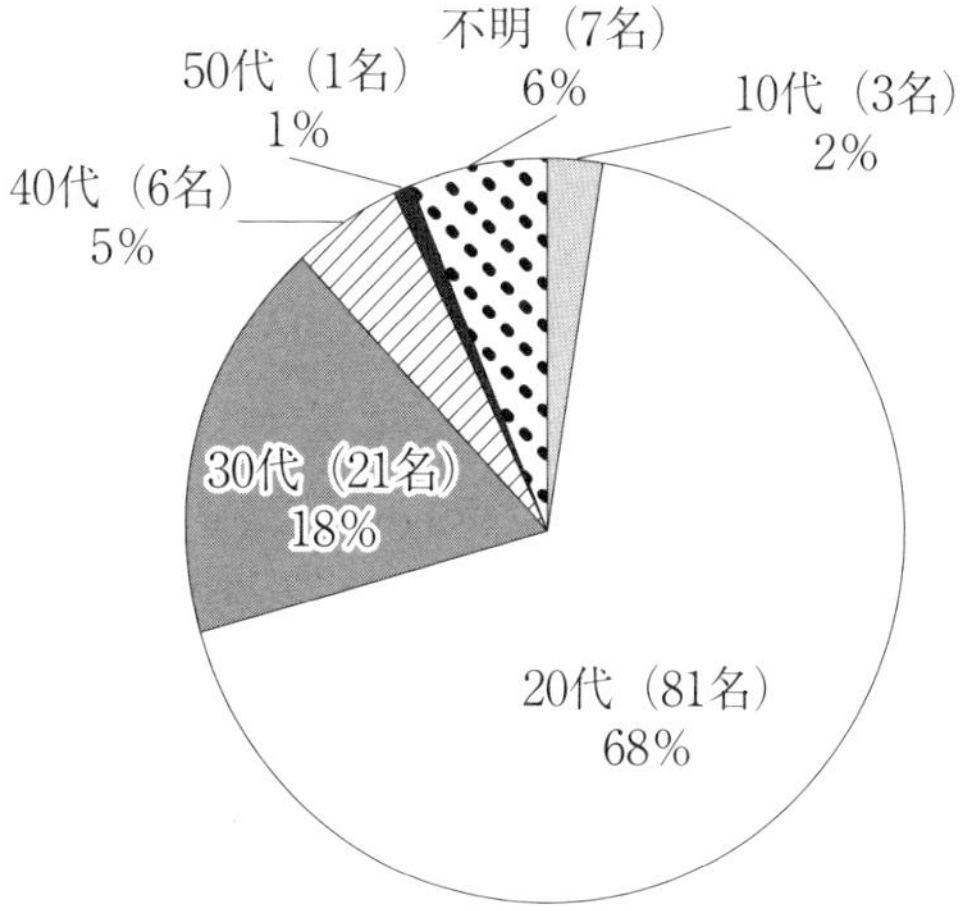

図２　結婚時の年齢

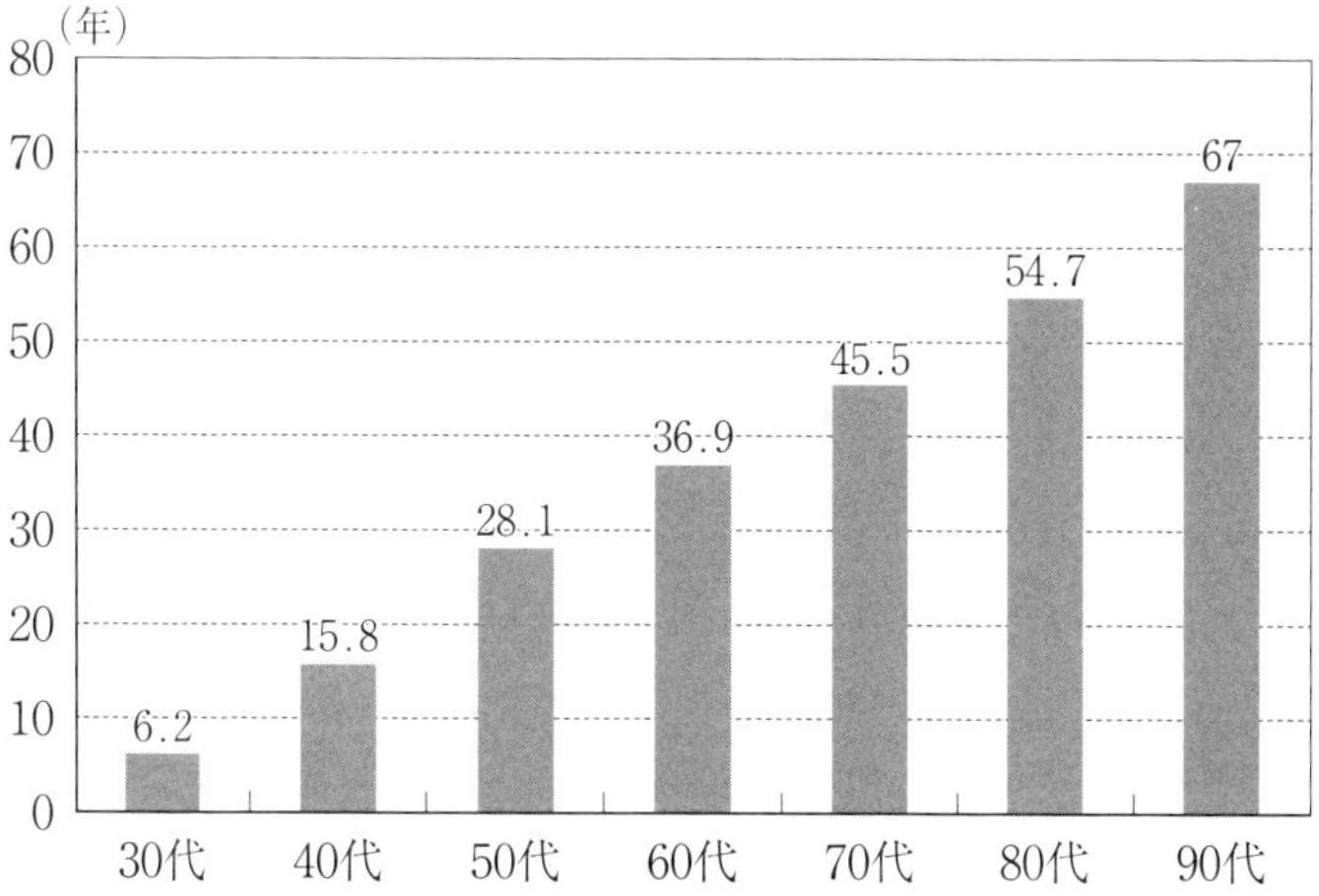

図３　平均結婚年数

注：死別者５名を含む（結婚年数は死別まで）

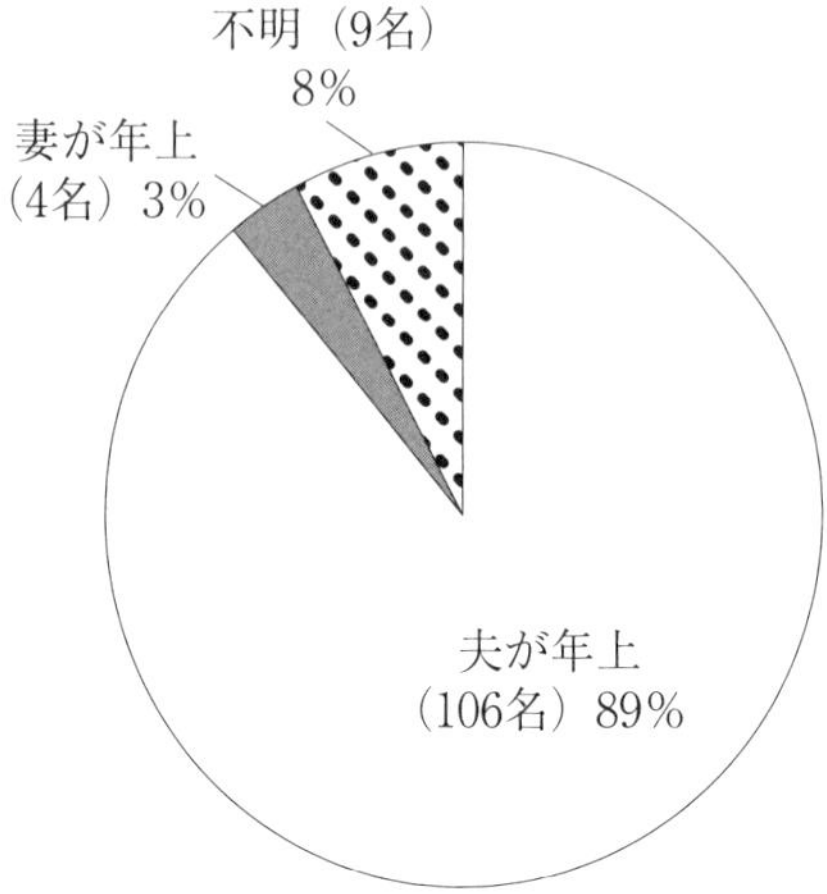

図４　夫婦のどちらが年上か

た。近年の晩婚化が読み取れる。

妻と夫の年齢差

図4は、夫が年上のケースが圧倒的に多いことを示している。一九八七年のアンケートでも同様。

夫が年上の対象者は一〇六名。年齢差は一〇歳未満が九割以上。年齢差が大きい人のなかには「年齢差や生活環境の違いで話が合わない（七〇歳）」との声もあった（図5）。

一方、妻が年上の場合は四名。内訳は二歳年上、三歳年上、九歳年上、二三歳年上（！）が各一名であった。

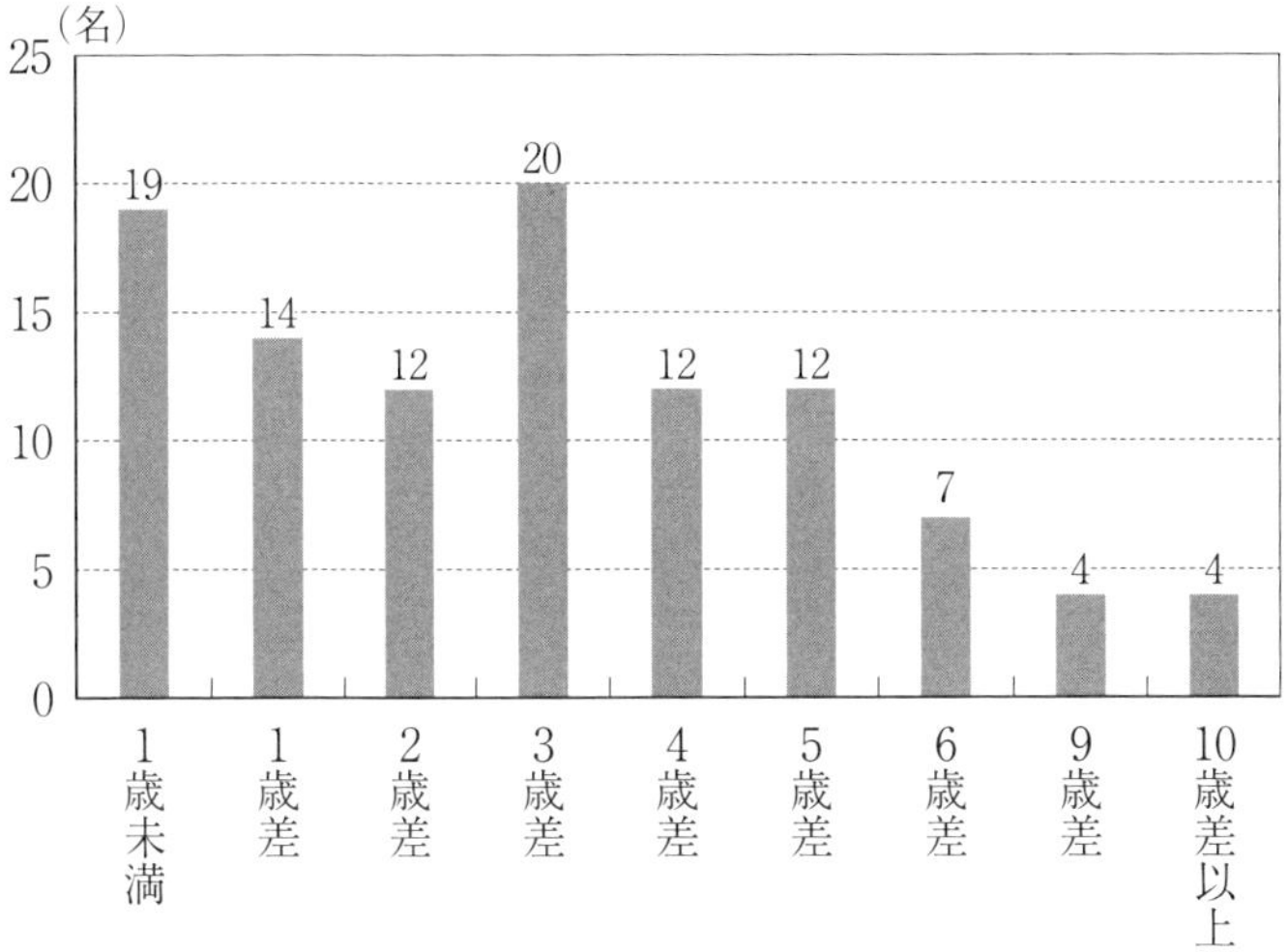

図5　夫が年上の場合の年齢差

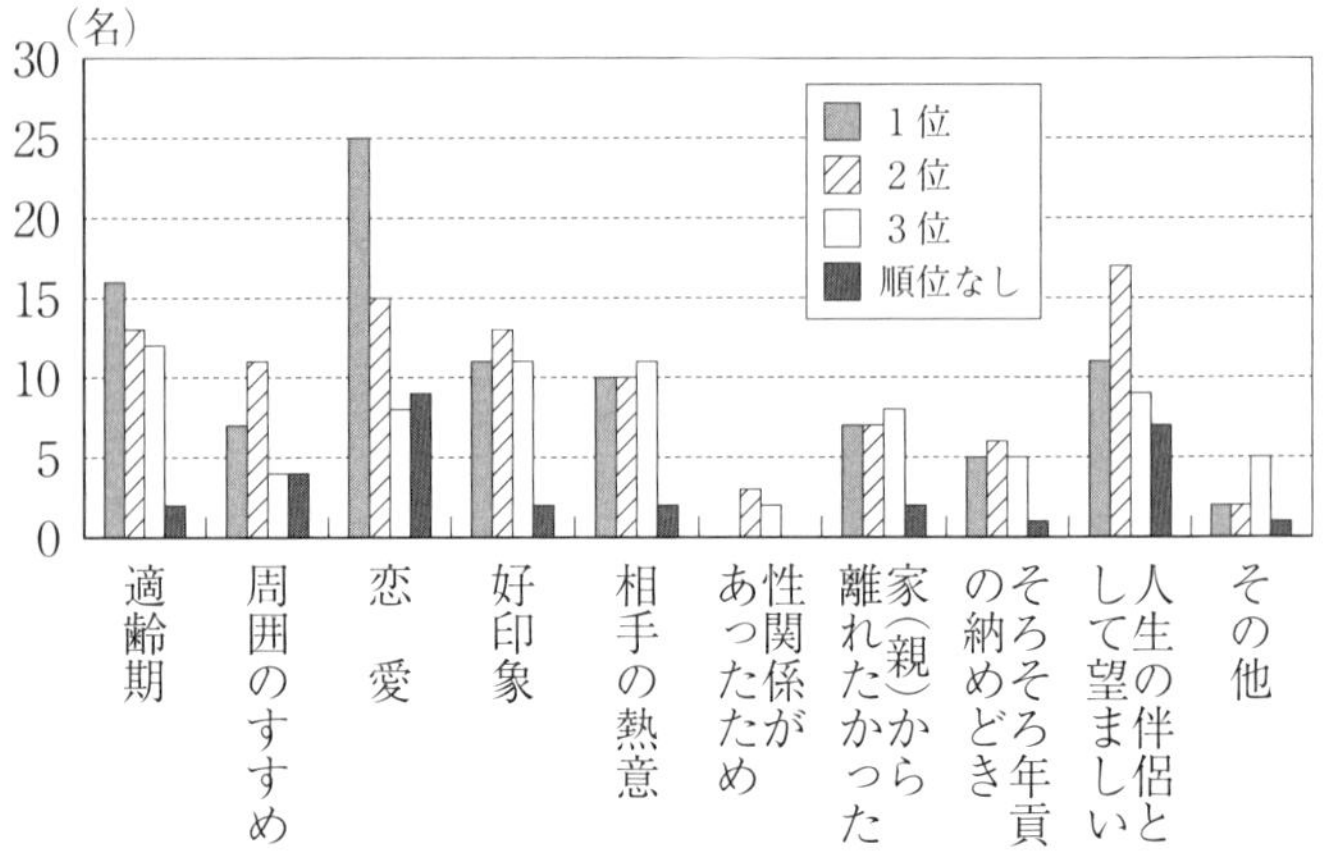

図6　結婚の動機（複数回答）

●夫と結婚した理由

結婚の決め手となったものは？「結婚の動機」「夫を選んだ理由」をたずねた（図6・図7）。

結婚動機の一位として「恋愛」、二位に「人生の伴侶として望ましい」をあげた人が多い。一九八七年のアンケートでも動機のトップは「恋愛」で、次に多いのは「人生の伴侶として望ましい」であった。昭和初期までの家と家との結婚に比べ、昭和二〇年代以降は見合い・恋愛を問わず、ほとんどの人が「この人なら」と自分の意思で相手を選び、結婚を決意している。

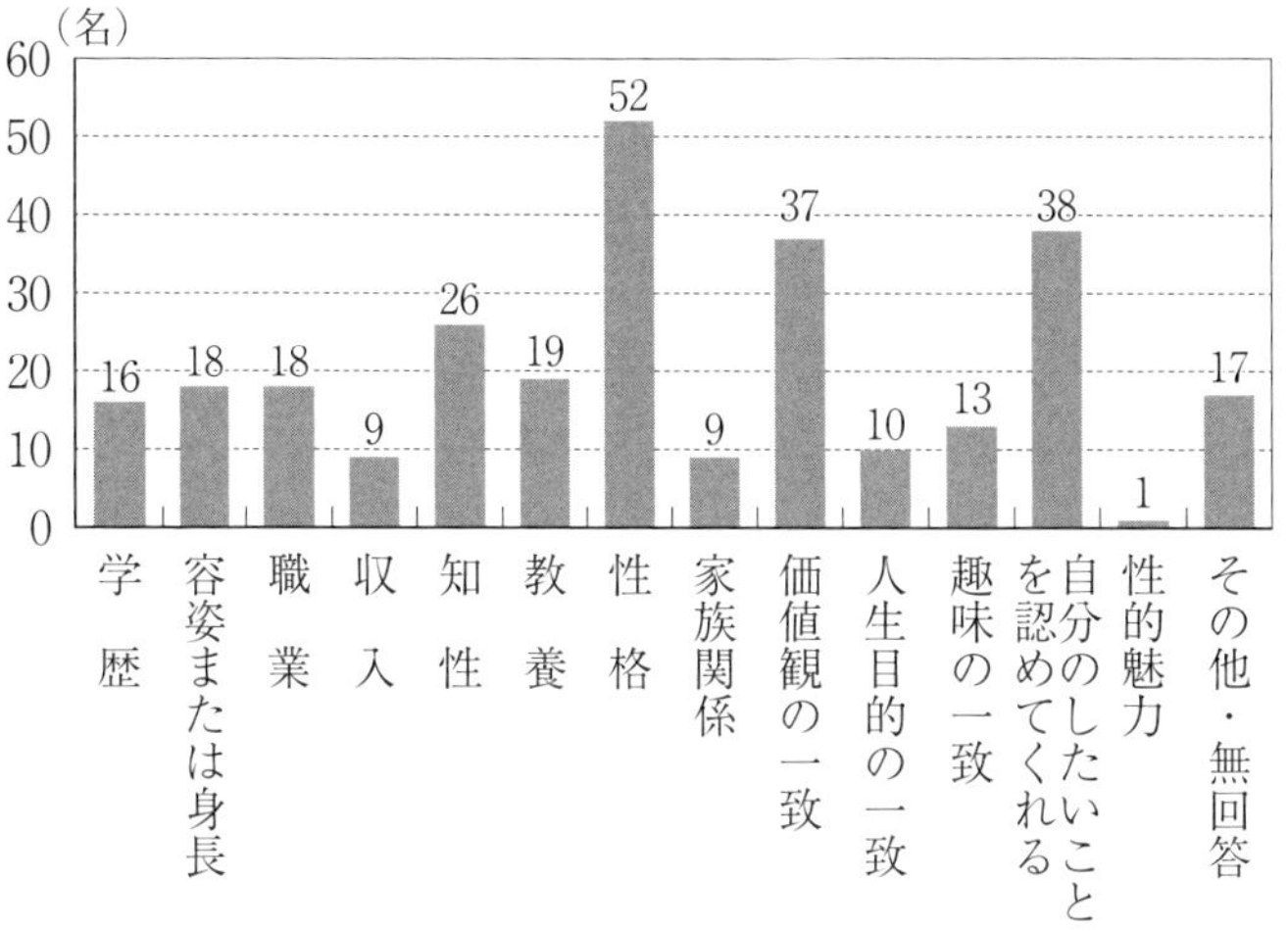

図７　夫を選んだ理由（複数回答）

その一方、二〇一五年・一九八七年ともに「適齢期」を挙げた人も多い。結婚を意識する適齢期に出会い、それなりの恋愛感情を持ち、「この人なら」と結婚した人が多いということだろう。

バブル時代には「三高（高学歴・高収入・高身長）」、現在は「三平（平均的年収・平均的外見・平穏な性格）」などの条件で結婚相手を選ぶかのように言われていた。

だが実際は職業や学歴、容姿よりも「性格」「価値観の一致」といった内面的なこと、そして自分が自由に生きられることを結婚の決め手にした人が多い。年代別にみると、若い層ほど「性格」「価値観の一致」「自分のしたいことを認めてくれる」を結婚条件として大事にしている。

一九八七年のアンケートでも「夫を選んだ理由」は「性格」「価値観の一致」「自分がしたいことを認めてくれる」が上位三つ。

これらの回答から推測されるのは「学歴や収入は結婚の決め手ではない。贅沢は望まないから、性格がよくて自分と合う人と楽しく暮らしたい」ということ。

ただし、「性格」「価値観の一致」で一緒になったものの、長丁場の結婚生活のなかで「夫のことを分かっていなかった」「やっぱり収入も大事」という声も。

「夫は、夫婦一緒の行動を嫌がる。価値観がまったく違った」（六八歳）
「夫が退職してから、考え方が違っていることに気がついた」（六四歳）
「友人たちに〝仙人〟と呼ばれる夫は、あまりにも経済に無頓着。私はカスミを食べて生きられない」（六一歳）
「不満は収入が少なかったこと」（七四歳）

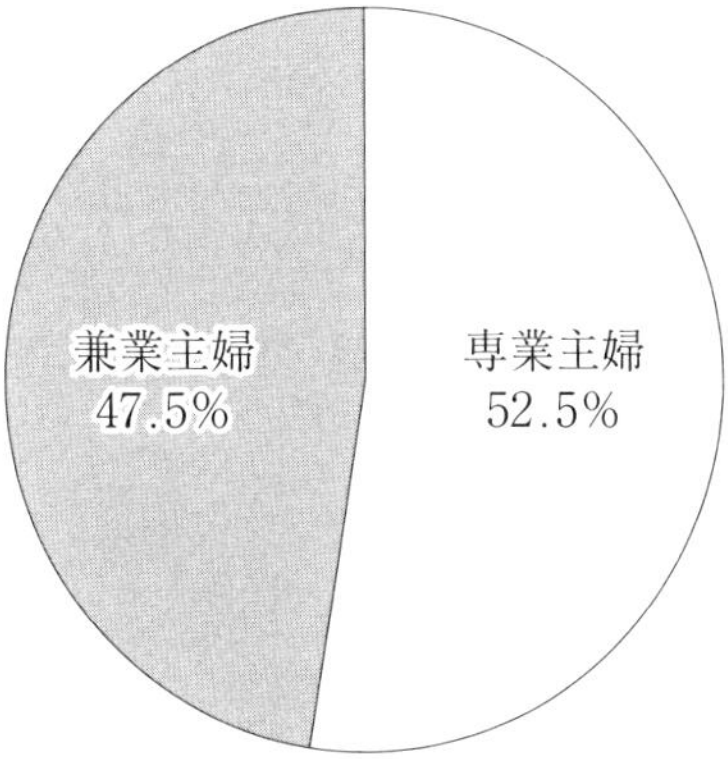

図8　妻の有職率（専業主婦率）

妻が仕事を持つことと結婚の満足度

妻が仕事を持つことと（図8）、結婚生活の満足度には因果関係があるのか？　専業主婦と兼業主婦の満足度を比較してみた。

四〇代以下の人はほとんどが有職者。五〇代以上の女性も仕事をしている人は多く、全体の四七・五％が何らかの職に就いている。仕事内容は会社員、公務員、農業、看護師、ホームヘルパー、医師、司書、障害者相談支援専門員、家庭教師、NPO職員、店員、自営業、インストラクターなど。雇用形態は正社員、契約社員、パート、アルバイト、フリーランスなど。仕事はしていないがボランティア活動を行っている人もいる。

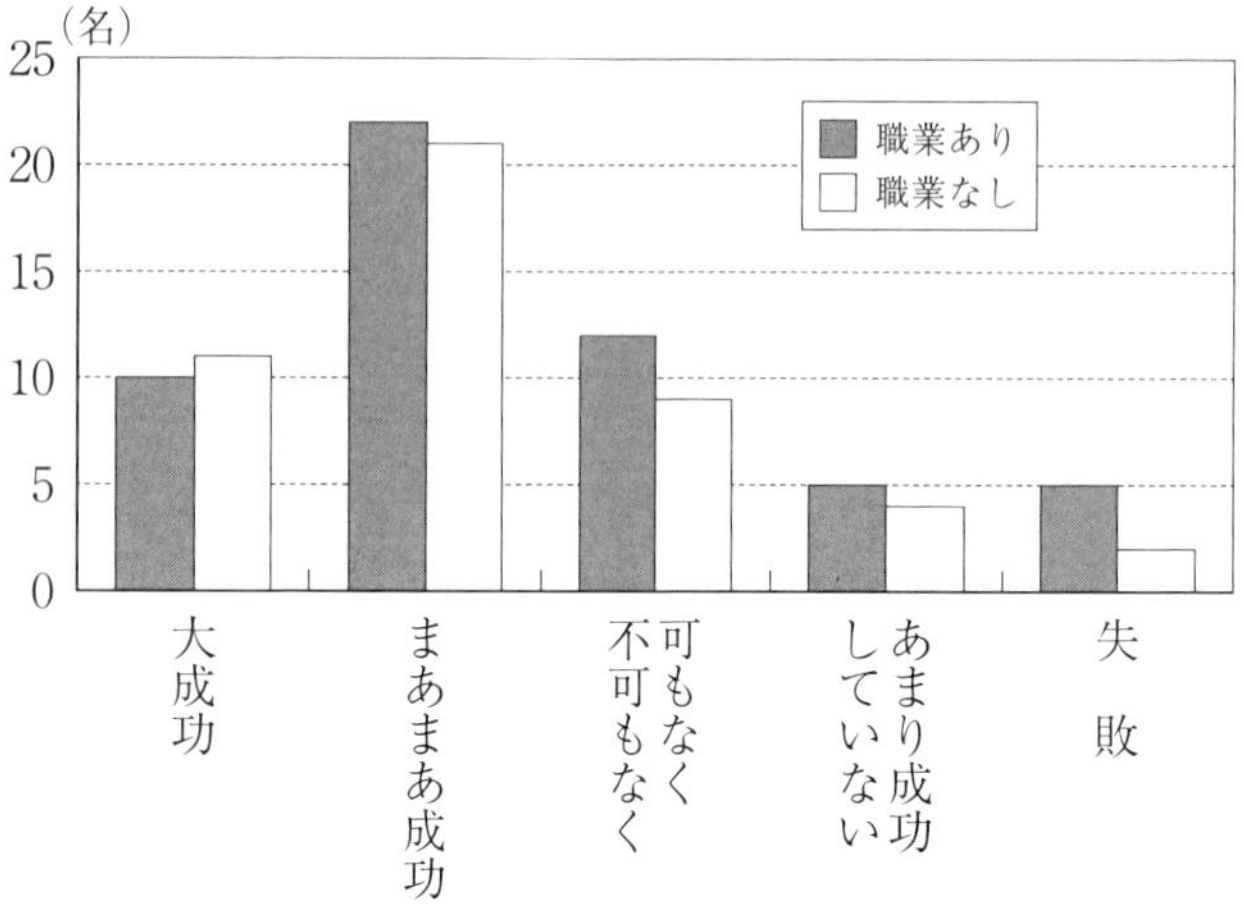

図9　2015年　妻の有職と結婚の満足度

五〇代以上に限ると、夫より妻のほうが有職率は高い。年上の夫が定年退職した後も年下の妻は勤務を継続したり、仕事に就いているケースが多いということだろう。

彼女たちの結婚満足度は、「大成功」「まあまあ成功」はほぼ同じ。だが、「失敗」を挙げた人は有職者のほうが多い（図9）。

一九八七年のアンケート回答と最も異なるのがここ。

八七年のアンケートでも「大成功」「まあまあ成功」と答えた有職と無職の妻たちの数は伯仲していた。

ところが「あまり成功していない」

「失敗」と捉えているのは今回圧倒的に有職者が多く、その原因はどこにあるのか考えさせられる。共働きによる経済的な豊かさは一九八七年も二〇一五年も同じはず。なぜ、アンケートに大きな差が出たのか?

八〇年代末のほうが今回より「働く女性」が「本当にやりたい仕事」や「収入の多い仕事」に就いていたとは考えられない。

すると理由は男女の収入差と家事に対する考え方の変化ではないか。

一九八七年当時は男女間の収入差が大きく、「家事は妻がやるもの」が当たり前の風潮であった。共働きでも夫のほうが収入は高いケースが多く、夫が何もしないことを不満とまで感じていなかったのかもしれない。対して現在は、夫と同じようにバリバリ働いている妻も多く、さらに家事の分担が叫ばれる時代だけに「家事をやってくれない」ことが不満になりやすいのではないか。

「共働きだが、夫は自分のほうが忙しいと思っている様子。家事を手伝ってくれず、仕事から帰宅後は家でゴロゴロして何もしない」(三〇歳)

「夫は、定年退職後も家事の分担をしない」(六四歳)の声に耳を傾けたい。

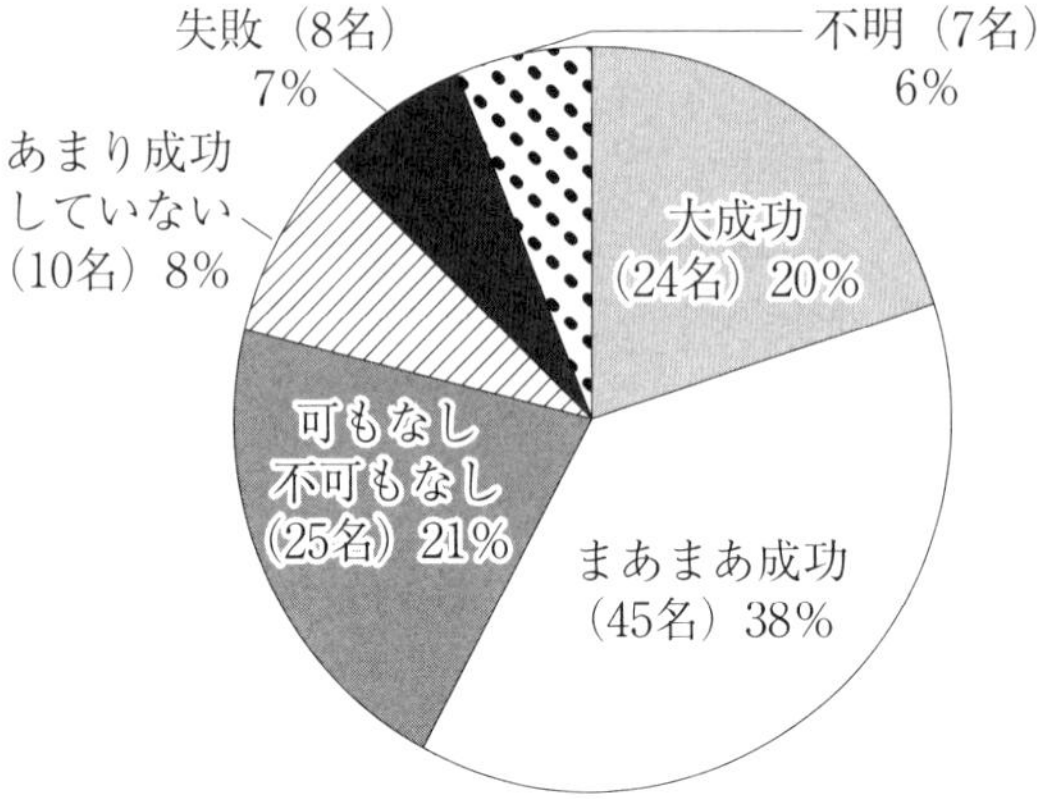

図10－1　あなたの結婚は成功か否か（全体119名）

結婚生活の満足度

回答者全員に自分の「結婚は成功か否か」を調査（図10－1）。合わせて「夫に満足な点・不満な点」を自由記述で答えてもらった。

「大成功」「まあまあ成功」は合わせて五八％。「あまり成功していない」「失敗」と捉えている人は一五％。「可もなし不可もなし」を加えれば、八割の人は「自分の結婚はよし」と考えている。

ただし「大成功」「まあまあ成功」の人もすべてが満足しているわけではなく、自由記述では夫への不満も述べられている（「夫について満足な点」「不満な点」は、以下

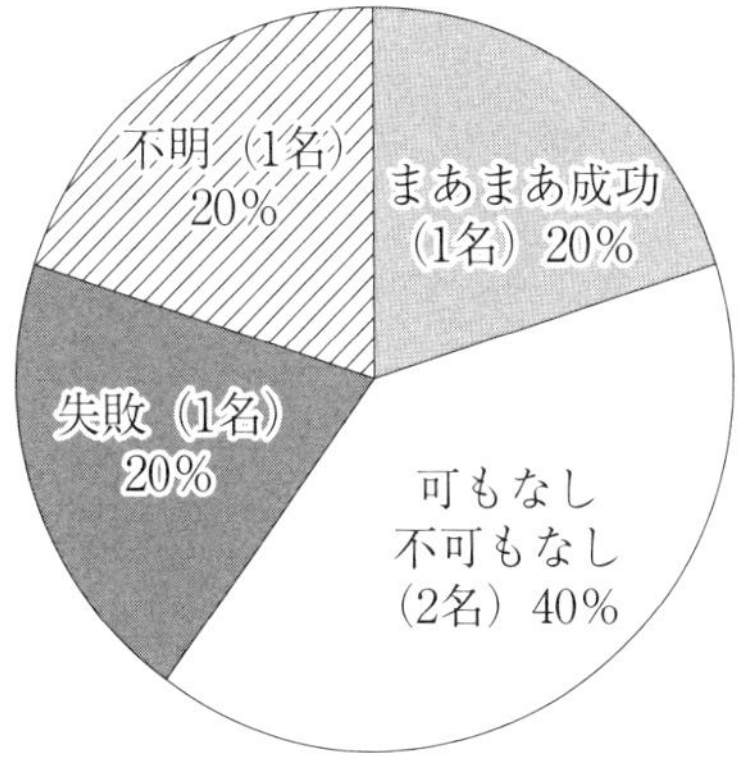

図10－2　30代（回答者５名）

年代別にまとめている）。

国立社会保障・人口問題研究所「出生動向基本調査」によると、二〇〇二年の見合い結婚率は六・九％、二〇〇五年は六・四％で、二〇〇〇年以降の結婚が多い三〇代のほとんどの人は恋愛結婚。「恋愛」し、夫の「性格」「価値観の一致」を認め、そして「伴侶として望ましい」と思って結婚しているはずだが、「結婚は大成功」と考えている人はいない。アンケートからは結婚生活と夫への期待が感じられ、期待が大きい分だけ不満も出てくるということだろうか。しかしその「期待」は決して大それたものではない（図10－2）。

「夫は一緒にいて楽しいし、ラク。仕事を

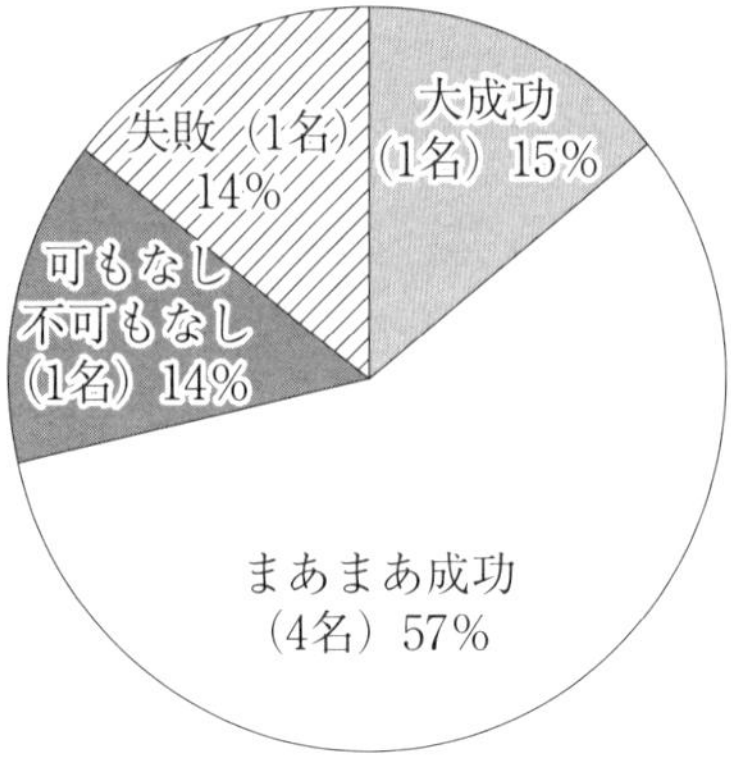

図10－3　40代（回答者７名）

きちんとするし、休日は私の外出にもつきあってくれる。不満は、私も働いているのに家事を手伝ってくれないこと。たまに手伝ってくれてもやり方が適当」（三〇歳）

「夫は家族や私を大事にしてくれる人。不満は子どもに理不尽な怒り方をすること」（三七歳）

「夫婦共通の趣味がある。夫の探究心はすばらしいとも思う。ただし、共通の趣味以外においては価値観や常識にはズレを感じる。女性すべてに優しいうえ倫理観が薄く、女性から誤解を招きやすいのも問題」（三八歳）

四〇代（図10－3）では、回答者七名のうち五名が「成功」「まあまあ成功」としている。「この結婚はよし」と考えている人が多いということだろう。

夫に不満を持っていない幸福な妻もいる。

「夫は冷静に物事を考え、判断する力を持っている。不満は特になし」（四七歳）

「価値観がほぼ一緒で、家庭や子どもの教育の方向性、何か問題が起きたときの対処法などが同じ。しかも私のしたいことを理解して応援してくれ、話をきちんと聞いて相談に乗ってくれる」（四八歳）

それ以上に多いのは「不満はあるけれど……」という人。

「夫は自分のことは自分でできる人。不満は私に無関心なこと」（四九歳）

「しっかりしていて頼りになるし、二枚目。ただし、家計を握っていて私にお小遣いをくれない」（四五歳）

「向上心があって前向きだが、自分にも他人にも厳しい」（四一歳）

「夫は私の行動を縛らず、子どもに優しい。一緒にいて面白く、女性をバカにしない。最近、家事もやるようになった。不満は知性が足りない、収入が少

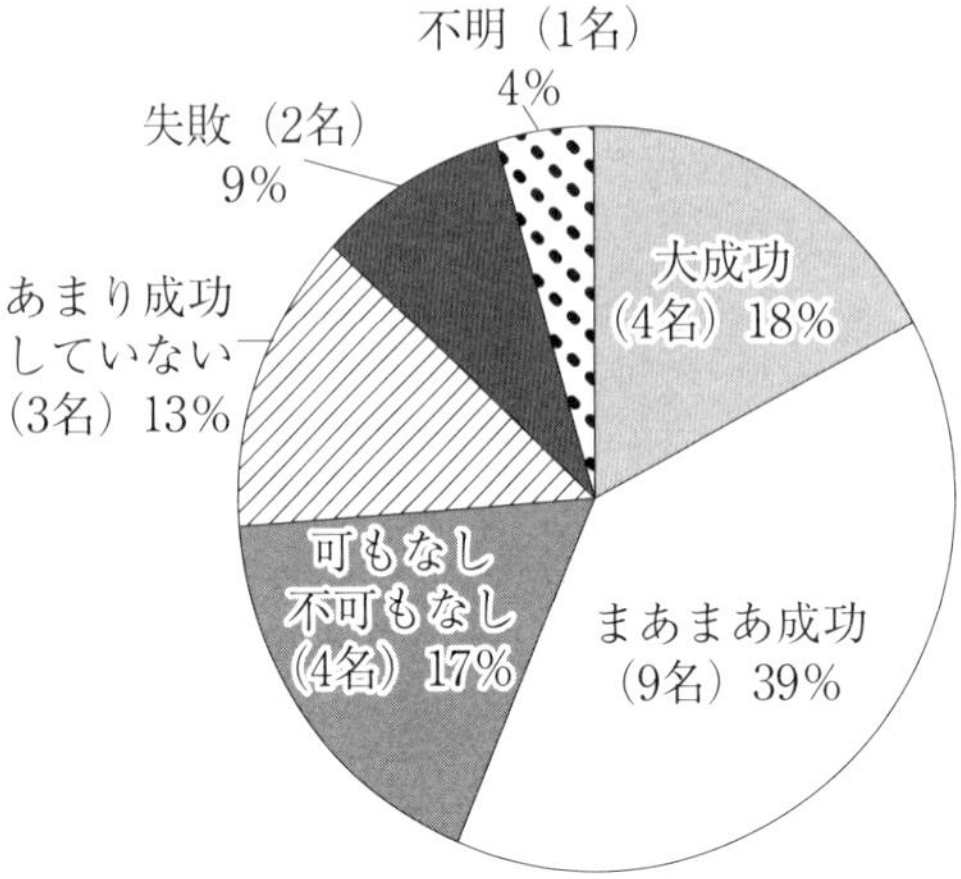

図10－4　50代（回答者23名）

ない、上昇意欲がないこと。しかも幼稚でマザコンで無責任」（四〇歳）

結婚生活は成功していない、と考えている人は……。

「夫は、人として器が小さい。お金にルーズ」（四五歳）

五〇代（図10－4）では、回答者二三名のうち、「大成功」「まあまあ成功」は一三名、五七％にあたる。

「夫は、身の丈にあった生活で満足してくれる人。日々のささやかな出来事に、一緒に泣いたり笑ったりできるのが嬉しい。これからの人生を共に

笑って歩いていけると思う」（五六歳）

「いざという時に助けてくれるありがたい存在」（五五歳）

「辛いとき、私を前向きにしてくれる人」（五二歳）

「子どもを愛してくれ、私の仕事の相談にも乗ってくれる。尊敬している」（五六歳）

「趣味の文筆を仕事にし、それでお金を稼いでいるのがすごい。赤ん坊を背負って耳栓をし、原稿を書くようなイクメンでもあった」（五五歳）

「誠実で寛容、知的で穏やか。人の話をじっくり聞いてくれる。大雑把で楽観的なところは気になるが嫌というほどではなく、直してほしいところはなし」（五二歳）

四〇代と同じくそれ以上に多いのが「不満はあるけれど『成功・まあまあ成功』」という人。

「不満は口下手で言葉が足りないこと。でも家族を大切にしてくれる。私のすることにあまり干渉せず、自由にさせてくれるのがいい」（五九歳）

「不器用で短気。でも優しい」（五六歳）
「夫は、誠実で信頼できる人格者。家事をやるし、子育てにもよく関わってくれた。趣味が一緒なのもいい。ただ……。不満なわけではないが七年前からセックスレスで、その理由を知りたい」（五五歳）
「優しいけれど決断力などにかける」（五五歳）
「夫は、頼られるとやる気を出す人。楽天的で度胸もある。自分のやり方を押し通し、自慢話が多いのが難点」（五〇歳）

五〇代以上になると、夫の健康を気遣う声が増える。

「煙草をやめてほしい」（五五歳）
「健康のために、もう少し運動してほしい」（五二歳）

その一方、夫婦間のコミュニケーション不足を感じている人も。

「夫の考えていることがよくわからない。コミュニケーション不足を感じる」（五四歳）
「夫と価値観の相違を感じる」（五四歳）

夫婦関係より、親族のことで悩んでいる人もいる。

「義父母は私の実家に対して経済面などでコンプレックスを感じているよう。しかも嫁の実家より〝上〟でありたい願望が強く、結婚当初から家同士のトラブルがあった」（五三歳）

また、結婚生活を失敗とした人は……。

「言葉の暴力があり、時々ＤＶも」（五七歳）

結婚生活成功の秘訣は「ここにあるのではないか」と思わせる声を寄せてくれたのがＴさん。

「夫は気が利かないけれど、それは小さなことに捉われないということ。おしゃれではないけれど、それは（衣服代）無駄遣いをしないということ。そう思えば不満はなし」（五六歳）

六〇代（図10‐5）で「大成功」「まあまあ成功」と挙げた人は五二％。四〇

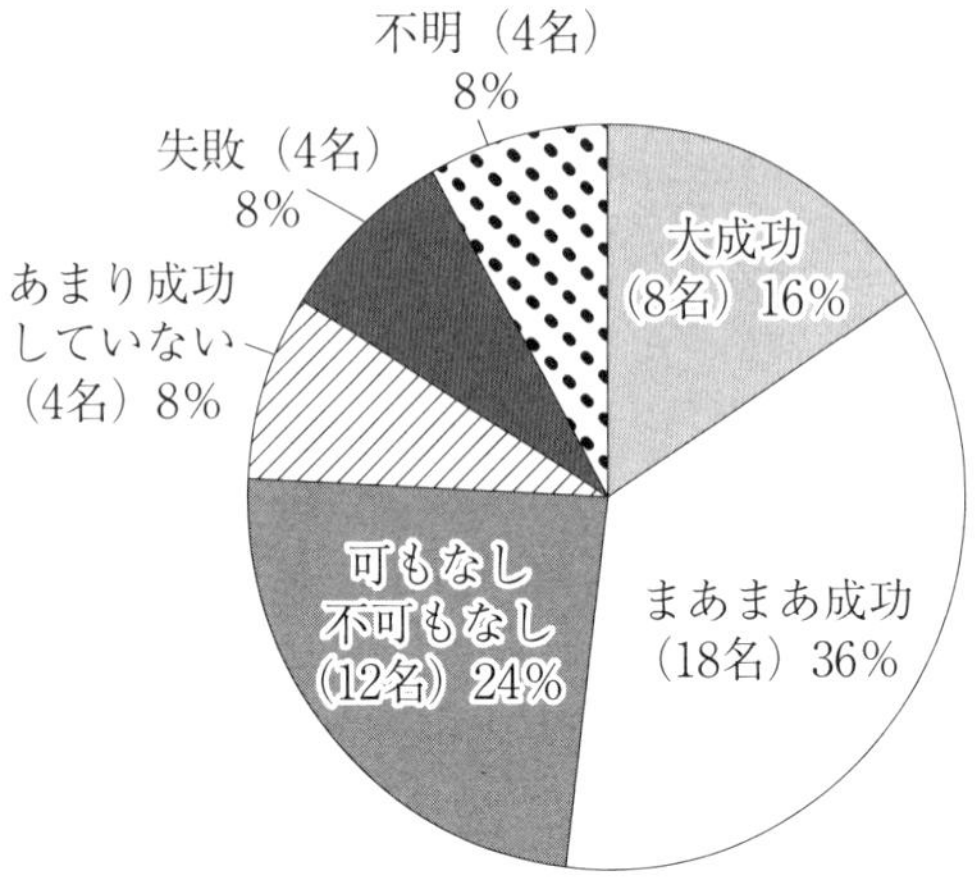

図10－5　60代（回答者50名）

代・五〇代より下がるのは、定年退職した夫との付き合い方に戸惑っている人が多いからではないか。

「夫が定年退職してから、考え方が違っていることが分かった」（六四歳）

「社会的交流の少ない夫が心配」（六三歳）

「食事作りをしてくれると嬉しいなぁと思うのだが……」（六四歳）

「夜中にテレビをみて明け方に寝る夫。生活リズムが合わない」（六三歳）

「定年退職してから『昔は役職、今はただの人』の現実にやる気をなくしている。飼い犬を通して、どうにか家庭の平安が保たれている」（六六歳）

定年退職後は夫婦の時間が増える。それだけに不満な点として「夫婦の会話の少なさ」をあげた人も多い。

「夫は優しい人。でも私の話を聞いていない」（六〇歳）
「趣味や興味が違うせいか、会話の少ないのが少し寂しい」（六四歳）
「私の話を『結論は？』とすぐに終わらせようとする」（六三歳）

結婚生活四〇年近くになり、「夫という人が分かった」という声も。
「私にいわれたことは一応やるが、家族に対して興味がない」（六一歳）
「私が何をしても文句をいわない。でもバカである」（六六歳）
「気が小さく、他人の評価を気にする」（六九歳）
「私の金銭管理に口をはさまないが浪費家」（六四歳）
「優しい。優しすぎて物足りない」（六四歳）
「夫の長所は生真面目であること。不満は真面目すぎて面白味にかけること」（六三歳）
「夫は、親離れをしていなかった」（六六歳）

不満が多い人は……。

「何もしない人。夫のよい点が思いつかない」（六七歳）

「自分勝手な人」（六八歳）

しかしいちばん多いのは、いろいろあっても「今の夫でいい」という声。

「不満は多々あるけれど、今の夫で十分」（六六歳）

「すべてにおいてマイペースだけど、問題が起きたときは私と真剣に向き合ってくれた」（六〇歳）

「私を認めて大切にしてくれる。穏やかで優しい。不細工で低身長で老人だけど、それは私も同じ」（六五歳）

「極端な性格破綻がなく、普通の人であること」（六三歳）

適度な距離感で定年退職後の平和な生活を確保している人も。

「適度な距離を持って、互いに束縛しないから不満は特になし」（六八歳）

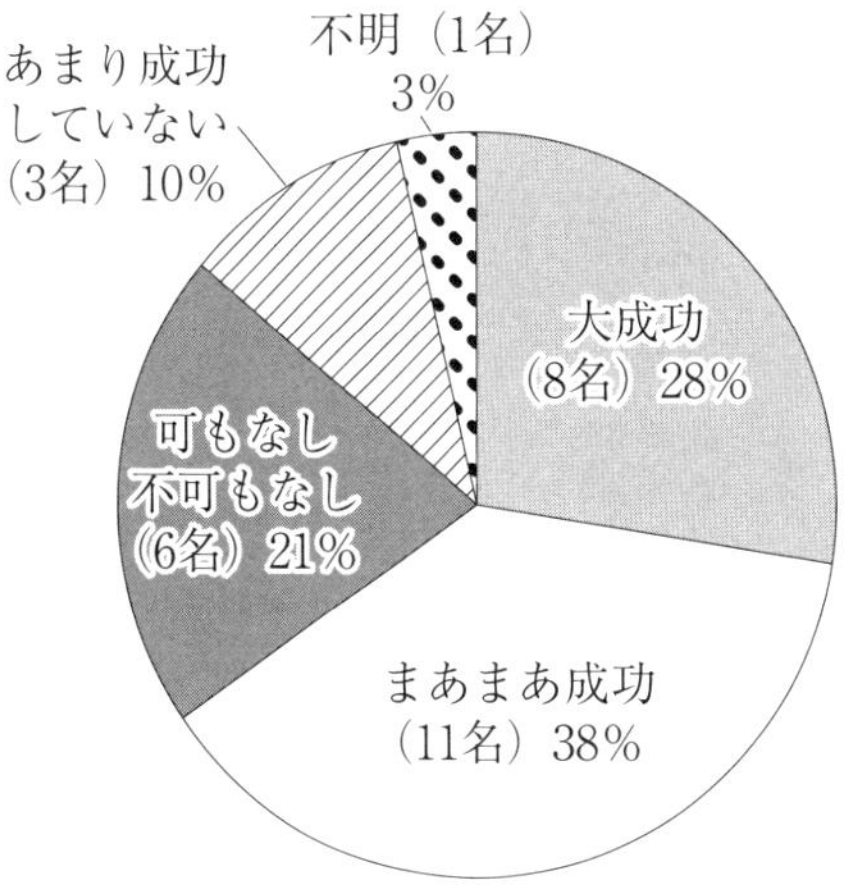

図10－6　70代（回答者29名）

四〇代で七二％、五〇代で約五七％、六〇代で五二％だった「大成功」「まあまあ成功」。それが七〇代（図10－6）になると六六％に。特筆すべきは各年代に必ずいる「結婚生活は失敗」を挙げた人がいないということ。これは日本の妻たちの長所だろう。

なかには、羨ましいほどの声を寄せてくれた人も。

「周囲の誰もが『あなたほど幸せな妻はいない』と言ってくれるほど良い夫。文句を言うと、罰が当たりそう」（七七歳）

だが圧倒的に多いのは、「不満はあ

るけれど、今の夫でよし」という人。一般に「満足」「不満」のハードルが下がり、小さな満足を大切にしている様子がうかがえる。
「子どものことを考えてくれる。それで十分」（七〇歳）
「人間として尊敬できる。年を取ったら少し細かいことをいうようになったが、信頼できる人なので大したことではないと思っている」（七二歳）
「収入は少なかったけれど、自分のことは自分でやるし、うるさいことをいわない」（七七歳）
「現役時代にはすぐに怒り、普通の会話ができなかった。定年退職した今は穏やかになり、相手の気持ちを慮る優しさも」（七一歳）
「理性的ではないし、意思表示がはっきりしないのにこだわりは強い。でもひどい裏切りはしない」（七三歳）
「神経質ですぐイライラしてカッとなる性格。もっと鷹揚に構えてもらいたいが、私が逆の性格なので夫婦としてのバランスがとれているのかも」（七四歳）
「〝構想五年〟の人でなかなか実行に移さない。でも家事を良く手伝ってくれ

るし、性格が素直」(七〇歳)
「妻や家庭に無頓着。でも天下国家について正しい見方をしているのがすごい」(七四歳)

夫を亡くし、「良い思い出だけが残っている」という声も。
「誰に対しても優しく、私の趣味なども理解してくれた。結婚して四〇年、穏やかな生活が送れた。夫が亡くなった今となっては、すべての不満が消えた」(七六歳)
「一人息子を大事にきちんと育ててくれた。もう少し生きてほしかった」(七二歳)

もちろん「神経質で困っている」(七二歳)、「寡黙で話し合いをしない。ワンマン」(七五歳)など、不満が多い人もいる。それでも「結婚生活は失敗」とまでは思っていない。

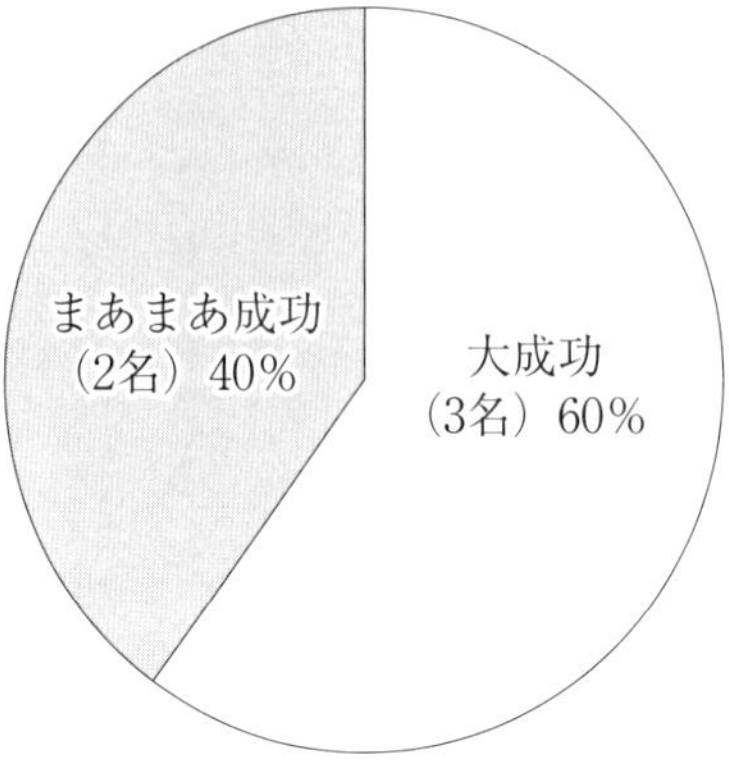

図10－7　80代以上（回答者５名）

八〇代以上（図10－7）の内訳は、八〇代四名、九〇代一名。五名のうち「大成功」が三名、「まあまあ成功」が二名。「可もなく不可もなし」「あまり成功していない」「失敗」と答えた人はいない。全員が結婚生活に対して「これでよかった」と回答している。

「夫婦でよく理解し合える」（八四歳）

「世話焼きで家族以外にもおせっかい。その分だけ、誰に対しても愛情深い」（八〇歳）

「自己中心的な性格だが、妻である私一人を大切にしてくれている」（八九歳）

「頭脳明晰で努力家。不満はなし。死別して四年、私のなかですべてが美化されている」（八八歳）

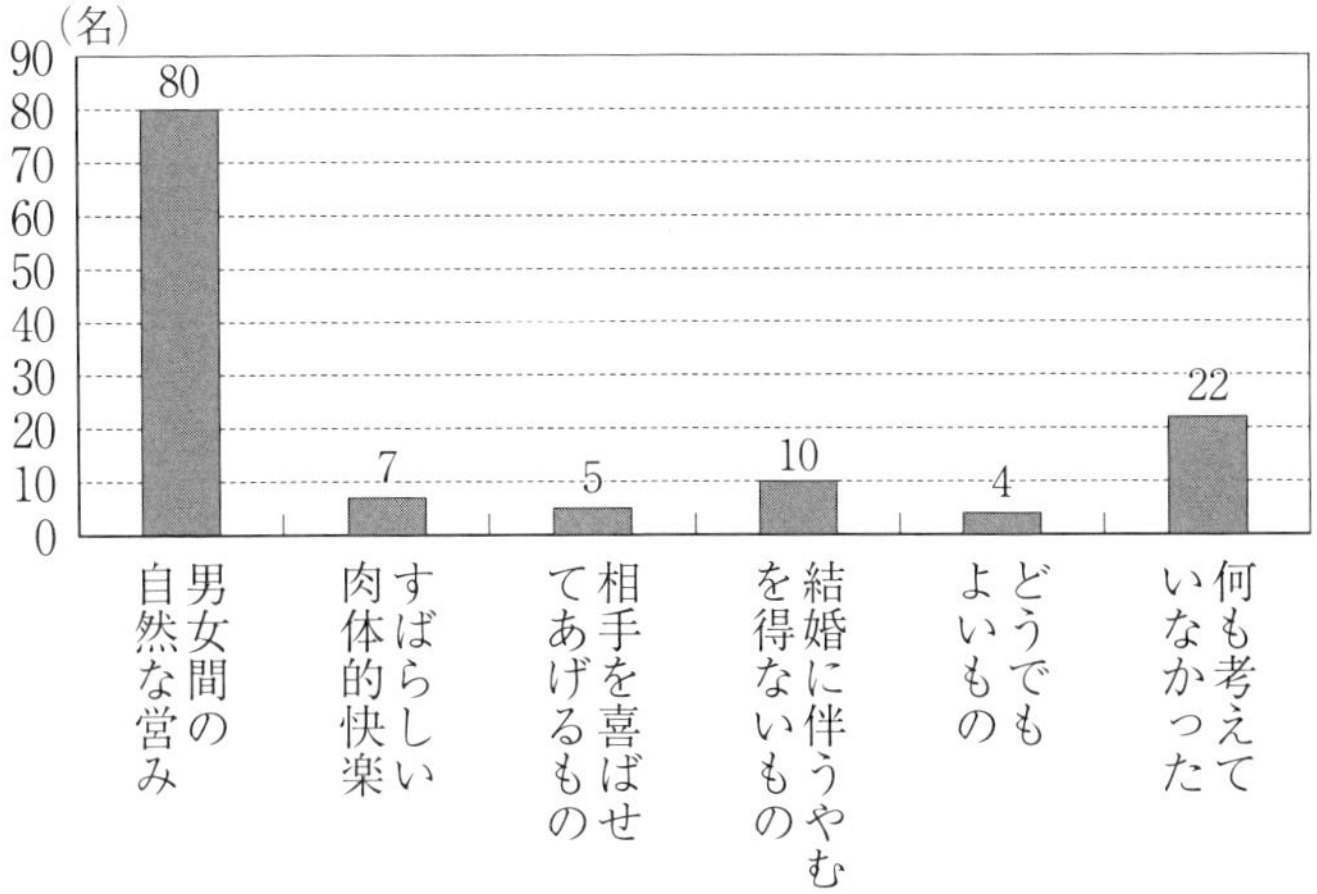

図11　結婚時性生活についての考え（複数回答）

●性生活

最後に、夫婦関係においては欠かせない「性生活」について。

結婚後の性生活について多くの人が「自然な営み」として捉えているようだ（図11）。「いつもあるもの」「愛情表現として必要なもの」と考えている人も。

その一方、「なぜ、子どもを作る以外にこんなことをしなければならないのか、と思った」と性に対して嫌悪感を抱いている人もいた。

夫以外の男性との性体験について（図12）は、回答者一一九名のうち、

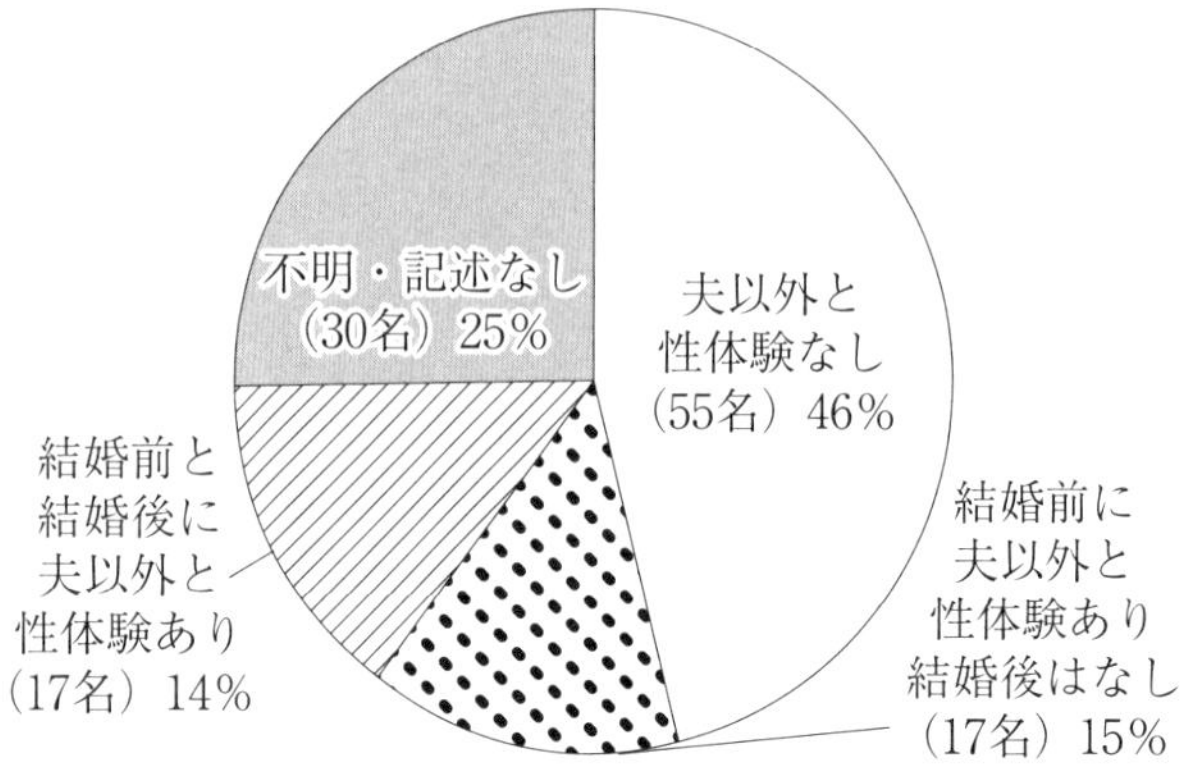

図12　夫以外の男性との性体験について

結婚前後に夫以外の人と性体験があると答えたのは三四名。

うち九名は結婚後に夫以外の人と性体験があると答えている。ただし、「夫以外との性体験がないわけではないが、この質問には抵抗があって回答できない」（四〇代）という人もおり、実数は少し上がりそうだ。

また「結婚後に性関係はないが、恋愛感情を抱いた人はいる」という声も。

「結婚前に一人、結婚後に一人。恋愛関係になったが性関係なしが二人」（七〇代）

「『素晴らしい人』と好意を持った相手はいるが、性体験はなし」（七〇代）

では、結婚後に夫以外の男性と性体験を持

つことが、夫婦関係にどのような影響を与えるのか？
「結婚後、三〇代と六〇代のときに夫以外の人と性体験あり。でも結婚生活は大成功」（七四歳）
「結婚後、三〇代と四〇代のときに。結婚生活は、まあまあ成功」（七五歳）
「三〇代、四〇代、六〇代でひとりずつ。結婚生活は、あまり成功していない」（六七歳）
「結婚後、一人の男性と。結婚生活は、失敗」（五九歳）

夫婦関係の良し悪しと婚外の性体験は別問題のよう。日本人にセックスレスが多いことを鑑みると、いい意味でも悪い意味でもあまり性を重要視していないのかもしれない。妻の性体験が夫婦生活に影響を与えないのは「男の浮気はばれるが女の浮気はばれない」といわれるように、女性のほうが慎重なのだろう。

アンケートからは、「失敗」「あまり成功していない」という人も夫以外の人との性体験が原因ではなく、もともとの夫婦関係に問題があることがうかがわれる。

今回のアンケートは小規模なので残念だが、より大規模に同じ調査をしてみれば、一般に信じられている「常識」をくつがえすような現実が浮上してくるだろう。女性の、そして妻たちの性の解放は確実に進みつつある。

おわりに

「結婚したまえ、君は後悔するだろう。結婚しないでいたまえ、君は後悔するだろう」
（セーレン・キルケゴール）

今や、晩婚化だけでなく、未婚化も進んでいます。二〇一〇年の総務省統計局「国勢調査報告書」によると、五〇歳時点で一度も結婚していない人の割合を示す〝生涯未婚率〟は男性二〇・一四％、女性一〇・六一％。離婚後に再婚していない人を加えれば、伴侶のいない形で老後を迎える人はさらに増えるでしょう。

とはいえ、未婚者のすべてが結婚を望んでいないわけではありません。むしろ年齢を重ねるほどに結婚を望む声は多くなり、その理由は「経済的安定」「ひとりは寂しい」「子どもがほしい」など。実際「ひとりは寂しいし、老後の経済が不安。結婚したい」という切実な思いを抱いている五〇代は多い。

その一方、「なぜ、結婚するのか？　結婚＝幸福なのか」と結婚に対しての疑問を持っている人も増えています。

結婚に望むことは経済的安定であったり、子どもであったり、寂しさの回避であったり、人さまざま。ですが「結婚＝幸福か」の問いには、長きにわたって夫婦の関係を営んできた人たちの多くはこう答えるでしょう。「結婚＝幸福ではない」と。

たしかに結婚したからといって、必ず幸福やバラ色の生活が約束されるわけではありません。

もちろん、嫌いな相手と結婚する人はいません。誰でも縁あって出会い、恋愛結婚であろうと見合いであろうとそれなりに好き合い、「この人なら」と思って結婚に踏み切るはず。

ですが、人生はままなりません。「この人なら」と思ったはずが長丁場の結婚生活のなかで価値観の違いに気がついたり、思いがすれ違ったり、「こんなはずでは」と後悔したり……。

とくに、定年退職後は夫婦の転換期といえます。仕事に、家庭に、現役時代は夫も妻も忙しい。互いに夫婦のあり方を見つめることなく年を重ね、夫が定年退職して家にいるようになって「初めて夫婦が向き合った」という声の何と多いことか。結果、夫婦が顔を突き合わせる暮らしに戸惑っている人は少なくありません。夫（妻）が悩みのタネになっている人もいます。

だからといって、離婚は口でいうほど簡単ではありません。同じ時間を共に暮らすなかで簡単には切ることができない、愛情とはまたちょっと違った〝夫婦の情〟みたいなものが生まれます。

何より、人生の再スタートが切りやすい若い頃ならいざ知らず、六〇代になってからの離婚はリスクが高い。実際、社会的な問題としてクローズアップされている「老後破産」の原因の一つは熟年離婚といわれています。超高齢社会のなか年金はどんどん目減りし、離婚で年金分割しても経済的には大変。今や「一人口は食えぬが二人口なら食える」は収入の少ない若者だけでなく、高齢者にも当てはまる言葉といえるでしょう。

つまるところ、結婚はしてもしなくても多少なりの後悔や不満はあるもの。そして長年を共に暮らした夫婦は、互いに降りることのできない船に乗った運命共同体なのです。

ならば、後悔や不満を引きずったまま一つ屋根の下でいがみ合うより、より良い夫婦関係を構築して快適に暮らしたほうがいいに決まっています。

問題は、そのためにはどうしたらいいのか？

「ポイントは二つある」と、本書に登場してくれた人たちの話が教えてくれます。

一つは、夫も妻も精神的な自立をすること。

自立せず、相手に寄りかかれば「こうしてほしい」と期待が大きくなります。期待すれば、相手を自分の思うようにしたくなるのが人情というもの。でも他人が自分の思うように動いてくれるはずはなく、期待が大きいほどに、そうしてくれない相手に苛立ってしまいます。縛られるほうは、縛る相手が鬱陶《うっとう》しくなります。

逆に互いに自立して自分の人生を大切にすれば、相手の些細なことが気にならなくなる。共に自立することが〝夫婦の適度な距離感〟につながるのではないでしょうか。

もう一つのポイントは、より良い夫婦関係の落としどころを見つけることです。本書に登場する「成功した」妻たちは、それぞれに夫婦関係の落としどころを見つけています。

ある人は夫に主婦の座を引き渡すことで、夫婦円満の関係を築きました。ある人は夫への「こうしてほしい」の望みを諦めて今の夫婦関係を受け入れることで、心の平穏を保てるようになっています。老人ホームへの入居という選択で、互いに負担の少ない快適な夫婦関係を築いている人もいます。

そもそも結婚生活は日常です。夫婦には、大きな愛情や幸福がなくてもいい。燃え上がるような愛情が持続するはずがないし、人生において大きな幸せがずっと続くなんてことはそうそうないのですから。ただ縁あって一緒になった相手と、共に生きると決めた相手と、楽に生きられればよいのではないでしょうか。

本書が、夫婦がこれからの老後を共に幸せに生きるために、夫婦生活と互いの関係を見直すきっかけになれば幸いです。

佐藤ゆかり

二〇一七年六月

《著者紹介》

グループわいふ

1976年，設立。
主著に，『年金で豊かに暮らせる日本の町ガイド』（編）学陽書房，2003年。『年金で暮らせて安くはいれる高齢者住宅』（編）ミネルヴァ書房，2006年，『老害』（共著）ミネルヴァ書房，2011年，『みつけた！　夢ある老人ホーム』ミネルヴァ書房，2012年，などがある。

佐藤　ゆかり（さとう・ゆかり）

1960年，北海道生まれ。札幌静修短期大学（現・札幌国際大学短期大学部）卒。パソコン会社，人材派遣会社などを経て，現在，フリーライター。女性誌などに執筆中。
主著に，『「介護保険」手続き＆サービスがわかる本』東京都社会福祉協議会監修，かんき出版，2000年。『年金で豊かに暮らせる日本の町ガイド』（共著）わいふ編集部編，学陽書房，2003年，『老害』（共著）ミネルヴァ書房，2011年，などがある。

夫の定年
――「人生の長い午後」を夫婦でどう生きる？――

2017年 7 月20日　初版第 1 刷発行　〈検印省略〉

定価はカバーに
表示しています

著　　者　グループわいふ
　　　　　佐　藤　ゆかり
発 行 者　杉　田　啓　三
印 刷 者　坂　本　喜　杏

発行所　株式会社　ミネルヴァ書房
607-8494　京都市山科区日ノ岡堤谷町1
電話代表　(075)581-5191番
振替口座　01020-0-8076番

冨山房インターナショナル・清水製本

ISBN 978-4-623-08075-5
Printed in Japan